DEBUT D'UNE SERIE DE DOCUMENTS
EN COULEUR

La Madeleine

A MAYENNE

PAR

A. GROSSE-DUPERON

Vice-Président de la Commission historique et archéologique de la Mayenne
Membre titulaire de la Société historique et archéologique du Maine

LES BÉNÉDICTINES DE L'ASSOMPTION
L'HOPITAL GÉNÉRAL ET LE BUREAU DE CHARITÉ

MAYENNE

IMPRIMERIE POIRIER FRÈRES

M.D.CCCC.V.

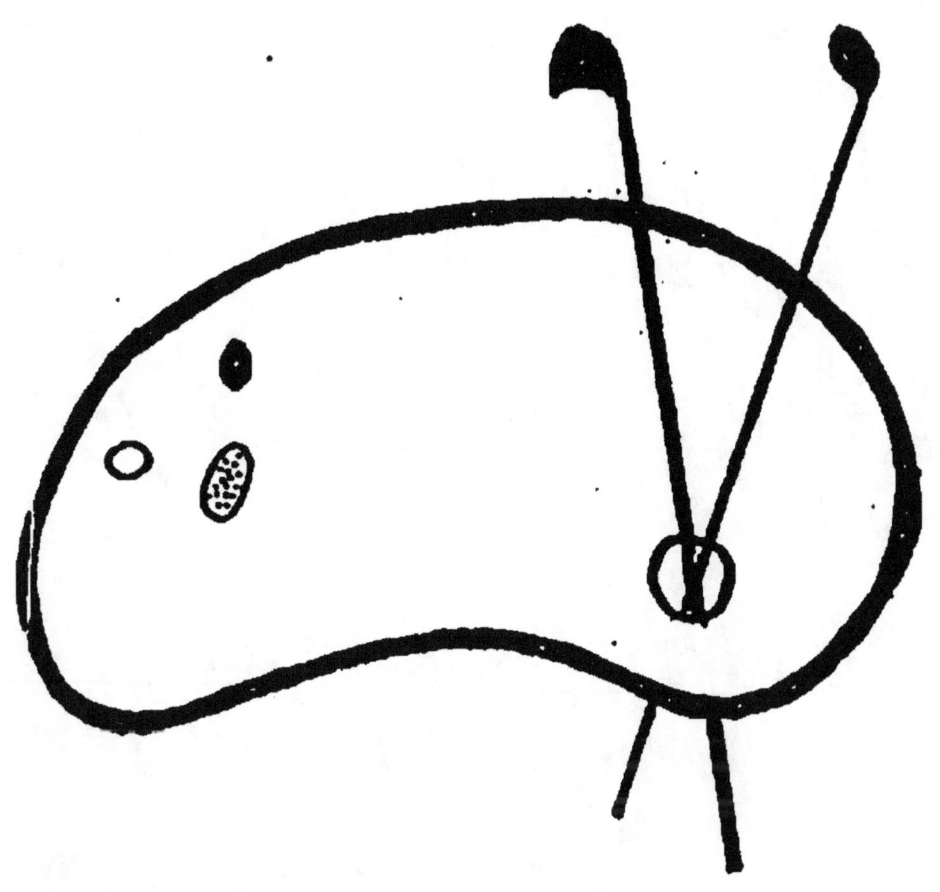

FIN D'UNE SERIE DE DOCUMENTS
EN COULEUR

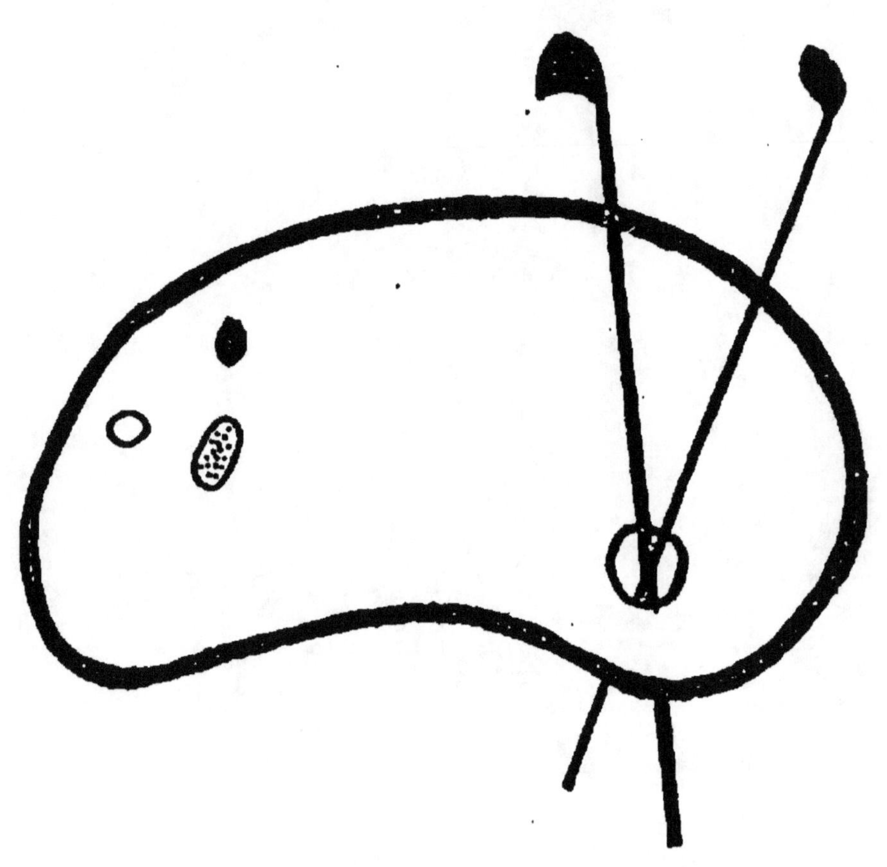

ORIGINAL EN COULEUR

NF Z 43-120-8

La Madeleine

A MAYENNE

Le Logis de la Roche-Gandon

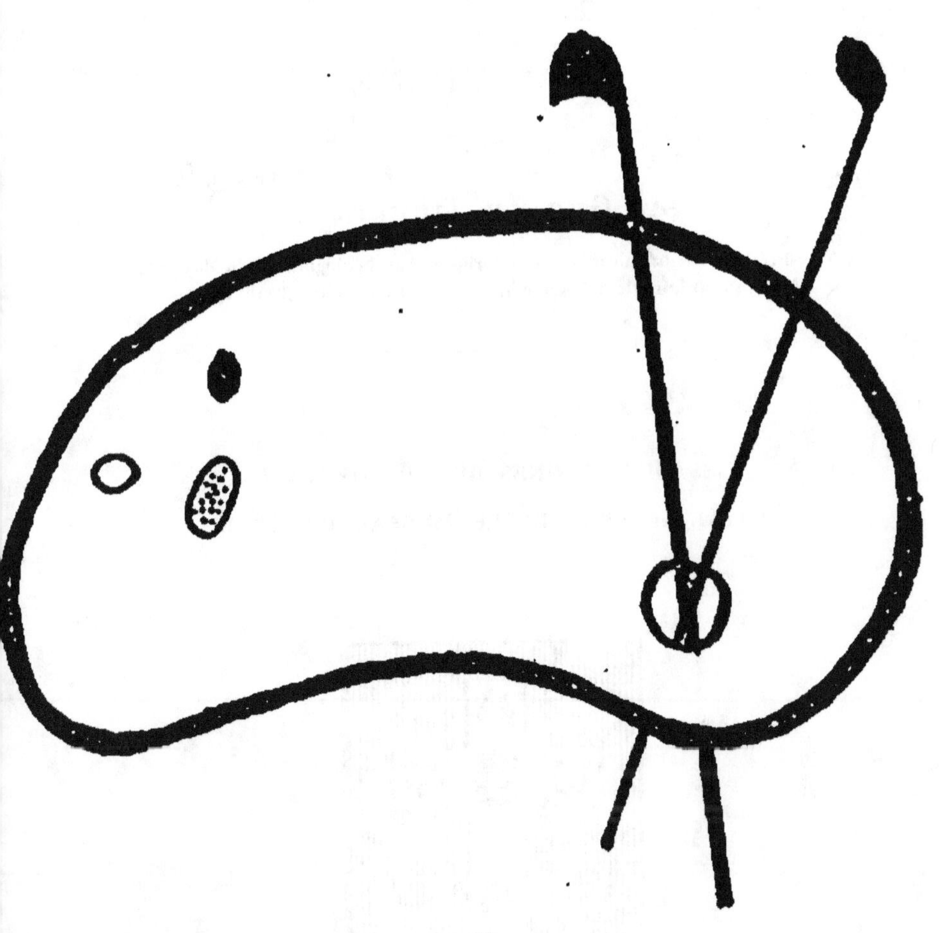

La Madeleine

A MAYENNE

PAR

A. GROSSE-DUPERON

Vice-Président de la Commission historique et archéologique de la Mayenne
Membre titulaire de la Société historique et archéologique du Maine

---

LES BÉNÉDICTINES DE L'ASSOMPTION
L'HOPITAL GÉNÉRAL ET LE BUREAU DE CHARITÉ

MAYENNE

IMPRIMERIE POIRIER FRÈRES

M.D.CCCC.V.

Dans cet ouvrage, nous avons utilisé divers renseignements que M. l'abbé Angot a eu la bonté de nous fournir, notamment sur les supérieures des Bénédictines de l'Assomption. Nous lui en exprimons notre reconnaissance.

La vue du logis de la Roche-Gandon, qui figure au titre, a été photographiée par M. Carré, chef de l'octroi de Mayenne.

Le dessin du plan de la Madeleine et des environs, encarté à la page 9, a été dessiné par M. Poisson, architecte-voyer de la ville de Mayenne

Nous renouvelons à l'un et à l'autre tous nos remerciements.

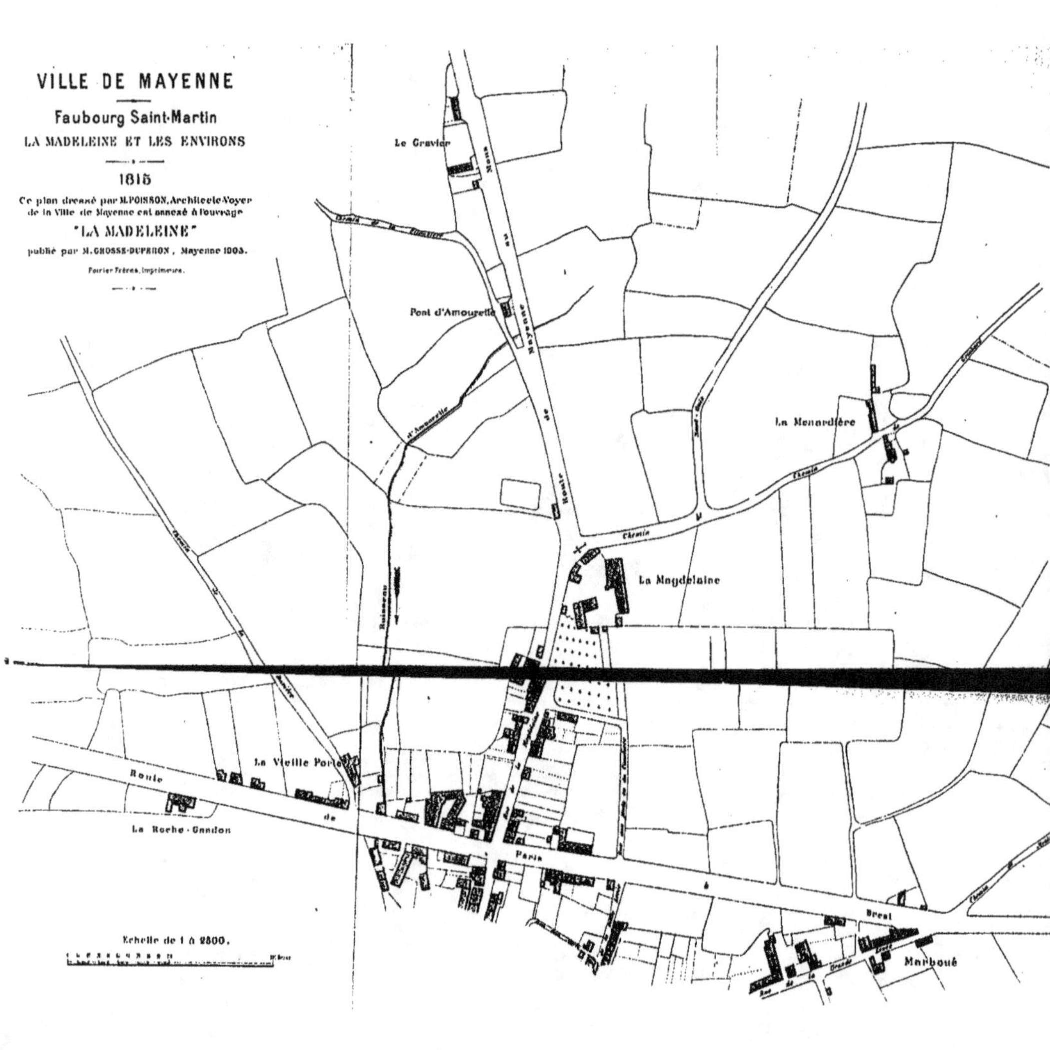

VILLE DE MAYENNE
Faubourg Saint-Martin
LA MADELEINE ET LES ENVIRONS
1815
Ce plan dressé par M. POISSON, Architecte-Voyer
de la Ville de Mayenne est annexé à l'ouvrage
"LA MADELEINE"
publié par M. GROSSE-DUPERON , Mayenne 1905.
Poirier Frères, Imprimeurs.
Le Gravier
Pont d'Amourette
La Ménardière
La Magdeleine
La Vieille Porte
Route
de
Paris
La Roche-Gandon
Brest
Marboué
Echelle de 1 à 2500.

PREMIÈRE PARTIE

LES BÉNÉDICTINES DE L'ASSOMPTION

A MAYENNE

CHAPITRE I

—

Antiquité de la chapelle de la Madeleine ; biens accordés aux moines de Marmoutier pour y exercer le culte. — Fondation a Mayenne d'un couvent de Bénédictines mitigées ; ses premières ressources. — Donation par les paroissiens de Saint-Martin de Mayenne de la chapelle de la Madeleine et de ses dépendances.

De même qu'on ignore le temps de la fondation des églises de Notre-Dame et de Saint-Martin de Mayenne, de même on se perd en conjectures sur l'époque de l'érection de la chapelle de la Madeleine.

Ce sanctuaire était situé au faubourg Saint-Martin, sur le côté sud du passage à niveau de la voie ferrée de Laval à Caen.

Il est impossible de dire si son édification est antérieure au prieuré de Saint-Martin. On serait porté à croire qu'elle eut lieu, soit à l'époque de la construction du château de Mayenne et de l'établissement de la foire dite de la Madeleine, soit après la destruction du prieuré par les Normands, pour assurer le service religieux des habitants de la rive gauche de la Mayenne. On verra au chapitre suivant que la chapelle servit pendant une certaine période d'église paroissiale.

La chapelle appartenait jadis au baron de Mayenne, ainsi que plusieurs bâtiments adjacents qui en dépendaient et « un grand clos où se tenait la foire de la Madeleine. » Celui-ci eut jadis environ quatre journaux de superficie et composait partie du champ de foire actuel, qui a été augmenté vers le nord-ouest, au siècle dernier, par la réunion de diverses pièces de terre.

Au commencement du xiii° siècle, Juhel II, baron de Mayenne, s'entendit avec les moines de Marmoutier, qui occupaient, à son château, le prieuré de Saint-Etienne, pour le rétablissement du culte dans la chapelle de la Madeleine. Il y avait sans doute été négligé par suite de la reconstruction de l'église paroissiale du prieuré de Saint-Martin sur les ruines du monastère primitif.

Le seigneur de Mayenne donnait à cet effet aux prêtres qui desserviraient la chapelle, vingt sous de rente à prendre sur les droits qu'il percevait à la foire de la Madeleine.

De son côté, le prieur de Saint-Etienne, Geoffroy, octroyait dans le même but, avec le consentement de Geoffroy, abbé de Marmoutier, quarante sous de rente, savoir :

1° Vingt sous payables le jour de la Madeleine ;

2° Vingt sous sur des jardins du prieuré, qui étaient situés dans le voisinage de la chapelle.

Juhel accordait au prieur de Saint-Etienne le droit de placer à la Madeleine un moine de son ordre pour y faire le service divin, et celui-ci devait habiter la maison qui en dépendait, pourvu qu'elle fut « propre et « honnête ».

Lors de cet arrangement, Thomas Malenfant donna à la chapelle diverses rentes :

30 sous sur l'Ouche-Bordel ;

6 sous sur la place Morel ;

50 sous sur le fief de la Valette ;

2 sous sur sa part de la dime de l'Eblée ;

14 sous qu'il se réservait d'asseoir sur d'autres immeubles.

La chapelle et les bâtiments de la Madeleine furent entretenus par les moines de Marmoutier, qui ne durent pas s'y maintenir pendant longtemps. Lorsqu'ils les eurent abandonnés, la fabrique de l'église de Saint-Martin administra le sanctuaire, comme chapelle paroissiale, mais elle ne fit pas de réparations aux constructions voisines, qui tombèrent en ruines. Celles-ci ne composaient au milieu du XVIIe siècle qu'un amas de pierres qui allaient servir à la construction d'un couvent de Bénédictines.

René du Bellay, comte de la Feuillée, veuf en premières noces de Marie de Thou et époux en second mariage de Renée de la Marzellière, avait cinq sœurs : 1° Léonore du Bellay, mariée à Jacques de Malnoë [1] ; 2° Catherine du Bellay, épouse de René de Sévigné, conseiller au parlement de Bretagne ; 3° Renée du Bellay, religieuse ; 4° Anne Guyonne du Bellay, professe à l'abbaye de Beaumont-lès-Tours ; 5° Charlotte du Bellay, professe au couvent des Bénédictines d'Ernée [1].

(1) Du mariage Malnoë-Bellay, il n'y eut qu'une fille, Suzanne, qui épousa Gilles des Nos, seigneur d'Hémenard. Charles-Gilles des Nos, né de cette dernière union, épousa Anne-Renée Viel.

Les seigneurs de la Feuillée avaient leurs tombeaux dans le chœur de l'église d'Alexain et aussi dans la chapelle de cette église qu'on appelait « chapelle de la Feuillée ». Charles du Bellay, père de René, fut inhumé dans le chœur. Sur le marbre, qui recouvrait son tombeau, on lisait : « Cy gist hault « et puissant seigneur messire Charles du Bellay, vivant chevalier de l'Or- « dre, seigneur de la Feuillée et fondateur de cette église ; lequel âgé de 52 « ans, décéda le quatorze septembre mil six cent treize. Prié Dieu pour luy ». Le tombeau en marbre noir, placé « à main gauche, à dix pieds un pouce de distance du premier piédestal, qui joignait la table du grand autel », avait, dans sa partie supérieure, 6 pieds 8 pouces de longueur et dans sa partie inférieure 6 pieds 9 pouces 6 lignes, sur 3 pieds 2 pouces 6 lignes de hauteur ; sa largeur était de 2 pieds 11 pouces par le haut et de 2 pieds 11 pouces 6 lignes par le bas. Deux lions en marbre rouge servaient de support à chaque bout ; des écussons contenaient « les armes, armoiries et attributs dudit seigneur ». De chaque côté, des tablettes de marbre noir « étaient revêtues d'attributs, de guerre du côté droit, de la mort du côté gauche ». Le tombeau gênait les cérémonies du culte et fut transporté en 1775, « au bas du chœur, contre le mur du côté gauche, à 11 pieds 3 pouces de son ancien emplacement », avec l'autorisation de l'une des arrière-petites-filles de

Il désira sortir ces deux dernières de l'obscurité dans laquelle elles eussent apparemment vécu dans leurs cloîtres et projeta pour elles, non pas la fondation d'un couvent proprement dit, mais leur établissement à Mayenne, dans un hospice, où elles pourraient continuer d'observer partie de leur règle et s'occuper d'œuvres de charité.

L'évêque donna son agrément au seigneur de la Feuillée, par décret du 30 Juillet 1652.

La maison des dames du Bellay devait avoir la durée de leur existence, et cela ressort des conditions de la fondation : en effet les deux religieuses « ne pouvaient recevoir de filles à faire des vœux ».

René du Bellay, qui n'avait pas d'enfants, pouvait se montrer généreux. Il donna au nouvel établissement le revenu du collège du Pâtis, situé paroisse de La Bigottière, et 300^r de rente, pendant la vie de ses sœurs; celles-ci devaient nourrir et instruire cinq jeunes filles pauvres des paroisses de la Bigottière, d'Alexain, d'Andouillé, de Sacé et de Saint-Germain, que choisirait le donateur. La comtesse de la Feuillée, Renée de la Marzellière, donna son agrément aux dispositions de son mari.

Le collège du Pâtis avait été fondé par Guyonne d'Orange, veuve d'Eustache du Bellay, pour l'instruction et l'entretien de cinq enfants des paroisses de La Bigottière, d'Alexain, d'Andouillé, de Sacé et de Saint-Germain, aux termes d'un acte du 26 mars 1599. Les biens affectés à la fondation comprenaient le revenu des mé-

Charles du Bellay, « Anne-Marie des Nos, dame de la Feuillée, fondatrice de « l'église, épouse de Jean-Baptiste-Joseph d'Aliney, comte d'Elva, maréchal « des camps et armées du roi, chevalier de l'ordre militaire de Saint-Louis ». Jean Letourneux, notaire à Saint-Germain-le-Guillaume, dressa procès-verbal de ce transfert le 23 octobre 1775, en présence de Louis Hubert, curé de la paroisse, de Jacques Thommerel, son vicaire, et de plusieurs habitants notables, parmi lesquels nous trouvons Claude Bouillé, notaire royal.

tairies ou closeries du Pâtis, de la Foucaudière, de la Fromangerie, paroisse de la Bigottière, de Champfleuri et de la Poterie, paroisse de Saint-Germain-d'Anxurre, 80 boisseaux d'avoine, 12 livres de cire jaune, etc.

Le comte et la comtesse du Bellay vinrent installer, en septembre 1652, les deux religieuses à Mayenne, et l'évêque à leur prière y joignit quatre autres religieuses du Mans.

Le nouvel établissement fut placé dans une maison, qui avait été louée à cette fin dans le quartier des Buttes. Guyard de la Fosse dit qu'il occupait l'emplacement où fut bâti le Grand-Logis. Il a quelque apparence qu'il se trouvait entre cette propriété et la rue des Vergers.

La petite communauté eut un sort plus prospère qu'on ne l'eût espéré. D'abord, on n'avait été, à Mayenne, que peu sympathique à cette création en faveur de deux filles nobles, mais leur piété et le dévouement qu'elles apportèrent dans l'éducation et l'instruction des filles pauvres, qui leur furent confiées, ne tardèrent pas à gagner les cœurs. Deux ans étaient à peine écoulés, que la population de Mayenne craignait de les perdre et désirait la perpétuité de cette œuvre, qui ne devait être qu'éphémère. Les ecclésiastiques, officiers et bourgeois de la ville décidèrent en assemblée générale qu'il convenait de solliciter la création d'un établissement perpétuel dirigé par les dames du Bellay et les religieuses qui leur succéderaient. Ils donnèrent à cette fin tous consentements nécessaires et prièrent le cardinal de Mazarin, qui venait d'acheter le duché de Mayenne, d'entrer dans leurs vues [1]. Il voulut bien s'associer à cette entreprise, et l'évêque du Mans, Philibert-Emma-

---

[1] Acte devant Fourmond et Le Sueur, notaires royaux à Mayenne, du 30 septembre 1654.

nuel de Beaumanoir de Lavardin, agréa la fondation du couvent projeté, par décret du 13 novembre 1654.

Le prélat mit comme conditions à la fondation :

Qu'après le décès des dames du Bellay, qui pourraient être supérieures du monastère pendant leur vie, celles appelées à leur succéder dans la supériorité seraient désignées à vie, par lui et ses successeurs.

Que les religieuses suivraient la règle de saint Benoît mitigée et demeureraient sous la juridiction exclusive des évêques du Mans.

La maison des Buttes devint trop étroite pour contenir les postulantes qui se présentaient et il fallut songer à en trouver une nouvelle. Il importait aussi d'avoir une chapelle et elle devait nécessiter de grands frais. Les ecclésiastiques et les habitants de Saint-Martin songèrent alors qu'ils pourraient attirer sur leur paroisse le nouveau couvent en offrant leur chapelle de la Madeleine et ses dépendances. Mettant à exécution ce projet, ils firent dresser l'acte de donation dont nous donnons la teneur *in extenso* :

« Le dimanche, seizième jour de juin, l'an mil six cent cinquante-huit,

« Par devant nous, Pierre Esnault et Jean Launay, notaires royaux du Mans et du Bourgnouvel, résidant à Mayenne,

« Ont comparu, en leurs personnes, au-devant de l'église paroissiale du faubourg Saint-Martin dudit Mayenne, à issue de la grand'messe, en suite du brevet publié au prône d'icelle requête de M⁰ François Saiget, sieur de la Croix, procureur fabricien de ladite église et paroisse.

M⁰ Luc Chauvin, prêtre, curé dudit Saint-Martin [1].

M⁰ Jean Letourneux, prêtre vicaire.

(1) Chauvin était curé à Saint-Martin depuis 1629 et cessa ses fonctions en 1663.

Me Julien Cherbonnier.

Me Michel Papouin.

Me Macé Bedouet.

Me Pierre Morin (1).

Me Jean Amiard.

Et Me Jean Rosteau.

Tous prêtres de ladite église Saint-Martin.

Pierre Le Testard, écuyer, sieur de Roussillon.

Me Pierre Lepineau, sieur de la Rue, avocat au siège de Mayenne.

Me François Saiget, sieur de la Croix, procureur fabrical de ladite église.

Me Pierre Letourneux, sieur de la Noë.

Pierre Duroil, sieur de Launay.

Me Jean Couppard, sieur de Champrousier, procureur au Grenier à sel et Election de Mayenne.

Me Briffault, aussi avocat.

Jean de France.

Jean de France (sic).

René de France.

Mathurin Gestière.

Antoine Rondeau.

Me Ambroise Morin, sieur de la Pitardière.

Me Charles Morin, sieur de la Vianderie.

René Lepinay, sieur des Frogeries.

Jean Tanquerel, marchand de draps de soie (2).

(1) Pierre Morin devint curé de la Bazoge. Il était fils d'Ambroise Morin de la Liardière et de Jeanne Legentil ; petit-fils de René Morin, avocat à Villaines, et de Françoise Coupé ; frère de : 1° René Morin, mari de Françoise Dugué ; 2° Ambroise Morin, exempt de la maréchaussée à Mayenne, époux de Marguerite Saiget ; 3° Françoise Morin, mariée à Mathieu Chailloux des Laurencières ; 4° Marie Morin, épouse de Jean Laigneau, apothicaire ; 5° Charles Morin de la Vianderie, époux de Marguerite Brault ; 6° Anne-Marie Morin, mariée à Jacques Triquet ; 7° Marie Morin, mariée à René Fanneau.

(2) Jean Tanquerel, fils de Robert Tanquerel, maître teinturier, eut de son mariage avec Françoise Madré, quatre enfants : 1° Renée T... ; 2° Marie T..., épouse de Pierre Le Tourneux ; 3° Françoise T..., épouse de Mathurin Thou-

Me Julien Garnier, sieur de Saint-Aubin.

Julien Goussault, sieur de la Fontaine (1).

Mathurin Barbeu, sieur de la Chevallerie (2).

Etienne Le Roy, huissier.

Roullas, marchand.

Me Jean Bouesland, greffier en l'Election de Mayenne.

Guillaume Dutertre, sieur du Pré, messager ordinaire de Mayenne au Mans (3).

Urbain Laigle.

Me Jean Guiard, greffier au siège de Quittay.

Michel Lirochon.

François Mesnage, sieur de la Planche (4).

Charles Letourneux, sieur de la Noë.

Mathurin Gaultier, sieur de la Grouas.

Jean Garnier, marchand.

Mathurin Gestière, le jeune, sieur de la Termerie (5).

François Gauthier, marchand (6).

Robert Estigoust, sieur de Longpré.

François Le Cherbonnier, sieur de la Pilliane.

Michel Le Roux, marchand.

Michel Gournay, marchand.

René Le Cherbonnier, marchand.

min de Montaigu ; 4e René T.., qui fut procureur général du duché de Mayenne.

(1) Julien Goussault, archer en la maréchaussée de Mayenne, eut : 1e de son premier mariage avec Renée Fourmy, trois enfants : Marc G..., prêtre ; Renée G... ; Jeanne G..., épouse d'Antoine Rondeau ; 2e de sa seconde union avec Marie Guyard, deux enfants : Julien et Marie G...

(2) Mathurin Barbeu, époux de Françoise Fanneau, qui était fille de René Fanneau et de Marie Morin, petite-fille de René Morin et de Françoise Coupé.

(3) Guillaume Dutertre avait épousé Marie Garnier.

(4) François Mesnage, mari de Marguerite Guillon, père de René Mesnage, chirurgien.

(5) Mathurin Gestière, époux de Jeanne Prudhomme, eut pour fils Antoine Gestière de la Termerie, avocat à Mayenne.

(6) François Gauthier, mari de Marie Fraudin, eut pour fils Geoffroy Gauthier, marchand tissier, qui épousa Marie Laigle, fille d'Urbain Laigle, praticien, et de Marie Pottier.

Et grand nombre d'autres habitants.

« Auxquels il a été représenté par les révérendes dames Anne-Guyonne et Charlotte du Bellay, religieuses dites de l'Assomption de la Vierge, sous la règle de Saint-Benoît, tant pour elles que pour les autres religieuses de leur communauté, comparantes par noble M° René Rivière, sieur de la Ménardière, conseiller du roi et son avocat au Grenier à sel de Mayenne :

« Que depuis quelques années qu'elles sont en un hospice sur les Buttes de ladite ville de Mayenne, plusieurs dévotes et pieuses personnes de cette paroisse les ont souvent sollicitées de chercher à faire leur établissement perpétuel à elles, à leurs successeurs dudit ordre et règle de Saint-Benoît, ainsi qu'elles l'observent selon les statuts de Monseigneur le Révérendissime évêque du Mans, ce qui joint à la belle et grande étendue de ce faubourg et à la quantité d'honnêtes gens qui l'habitent, les a mues et poussées à désirer sa décoration qui sera notable par la construction d'un monastère en quelque lieu commode où elles puissent vaquer à leurs prières et oraisons, pour le bien particulier et public desdits habitants, auxquels elles ont fait proposer l'acquèt fait par elles depuis huit jours de certaine pièce de terre, proche et joignant la grande chapelle de la Madeleine, au haut du cimetière de cette paroisse, d'une petite portion plantée d'arbres au long dudit cimetière, sur espérance et sous condition que ladite chapelle leur fut accordée par eux pour en faire leur église, cessant laquelle condition, elles n'auraient pensé à en acquérir en ce lieu là pour son éloignement.

« Et partant ont requis lesdits sieurs ecclésiastiques et paroissiens de leur donner ladite chapelle, avec les espaces vides autour d'icelle, hors l'enclos du cimetière, et les matériaux des anciens bâtiments ruinés, contenus èsdits espaces vides.

« Ce qu'entendu, tous, d'une commune voix, témoignant leur zèle en cette occasion à la plus grande gloire de Dieu, ont donné et octroyé, par ces présentes irrévocables, donnent et octroyent, sous le bon plaisir de son Eminence, (le Cardinal de Mazarin, duc de Mayenne), et en tant qu'à eux touche, et ce, sans aucuns garants.

« Aux dites dames du Bellay et à leurs successeurs, religieuses dudit ordre Saint-Benoît.

« La chapelle de la Madeleine, tant fonds que superficie, ainsi qu'elle est construite en haut du grand cimetière de cette paroisse, pour en faire leur église conventuelle, la percer pour y prendre des jours et en user selon ce qu'elles jugeront utile, commode et nécessaire pour l'augmentation et embellissement d'icelle église, sans toutefois la pouvoir démolir, ni racourcir, mais au contraire l'entretiendront bien et dûment, en sorte qu'elle sera toujours au moins en aussi bon état qu'elle est présentement.

« A la charge qu'elles et leurs successeurs religieuses ne pourront empêcher ledit sieur curé, ses successeurs et les habitants dudit faubourg et paroisse d'aller visiter ladite église en procession, tout ainsi que de coutume : ainsi, laisseront la grande porte de ladite église ouverte pour y recevoir les processions tant de ladite paroisse que des autres paroisses, qui voudraient y aller y célébrer la messe et faire le service accoutumé, sans congé ni permission en l'égard desdits sieurs ecclésiastiques et habitants de cette paroisse.

« Comme aussi, avénant temps de peste ou pollution, en sorte que l'on ne pût célébrer la messe et faire le service en l'église paroissiale du faubourg, lesdites dames religieuses et leurs successeurs souffriront que lesdits sieurs curés, prêtres et paroissiens se servent de ladite chapelle pour y célébrer messes et faire le service divin, ainsi qu'on pourrait faire dans l'église paroissiale cessant lesdits empêchements de peste et de pollution ; ce qui toutefois se fera de façon que lesdites religieuses pourront faire leur service ordinaire à heures commodes, autant qu'il se pourra.

« A la charge encore que ledit sieur curé de cette paroisse, ses successeurs curés ou ceux qui posséderont leurs droits auront les offrandes ainsi que de coutume, et que pour les recevoir, ils pourront faire mettre un tronc au bas de ladite chapelle, dont ils auront une clé pour les ôter quand bon leur semblera ; et il y aura un écriteau, en gros caractères, en ces termes : « Tronc pour les offrandes de Monsieur le Curé de Saint-Martin », sinon que, pour lesdites offrandes, lesdits sieurs curés de cette paroisse s'en accordent avec lesdites religieuses autrement, ainsi qu'ils verront bon être.

« Sera l'image de sainte Marie-Madeleine, qui est présentement au milieu du grand autel de ladite chapelle, mise et placée au grand autel que lesdites dames voudraient faire bâtir, soit à la droite, soit à la gauche du dit autel.

« Et les autres images en relief seront pareillement placées en lieux décents et convenables, jusqu'à ce qu'elles aient fait bâtir une chapelle à côté de leur église ; en laquelle chapelle seront mises lesdites images sur l'autel ou bien au côté d'icelui, selon qu'elles l'estimeront plus à propos.

« Outre, «ont (les ecclésiastiques et paroissiens) donné et donnent, comme dessus, aux dites dames et leurs successeurs religieuses les places vides aux côtés et au bout du haut de ladite chapelle, y compris les vieilles masures des anciens édifices ruinés avec leurs matériaux, (hors l'enclos du cimetière qui n'est compris audit don), — pour disposer de ces espaces vides, vieilles masures et matériaux, soit à leur clôture ou bien à leurs bâtiments, ainsi que bon leur semblera, moyennant la rente de six livres tournois, qu'elles paieront annuellement à la fabrique de cette paroisse, à partir du jour qu'elles commenceront à occuper lesdites places vides et prendre lesdits matériaux, en un an de là, et continueront ainsi, d'an en an, jusqu'à l'amortissement de ladite rente, qu'elles pourront faire toutes fois et quantes, à un seul paiement entre les mains du procureur fabricien ; et, jusqu'à ce qu'elles aient occupé lesdites places vides, en tout ou partie, les dits habitants ou les procureurs de leur fabrique les pourront affermer aux jours de la foire de la Madeleine, ainsi que de coutume.

« Est accordé que, si par force majeure ou par quelque autre accident, le couvent desdites religieuses venait à périr ou bien était abandonné, en sorte qu'il fût hors d'espérance d'être rétabli ou habité par des religieuses du même ordre, lesdits habitants disposeront de leur chapelle et places données autour d'icelle, comme ils ont fait auparavant ces présentes.

« Dont et de leur consentement les avons jugés ».

CHAPITRE II

—

Autorisation du cardinal de Mazarin, duc de Mayenne, a l'établissement du couvent des bénédictines. — Prise de possession des religieuses ; leurs constructions et acquisitions ; le champ de foire de la Madeleine. — Biens et revenus du monastère.

Le cardinal de Mazarin, duc de Mayenne, consentit à l'établissement des religieuses à la Madeleine par les lettres suivantes :

« Jules, Cardinal Mazarini, duc de Mayenne, pair de France.

Vu :

« La requête à nous présentée par sœurs Anne-Guyonne du Bellay et Charlotte du Bellay, religieuses de l'Assomption de la Vierge sous la règle de Saint-Benoît et les autres religieuses, couvent et communauté, étant à présent à l'hospice, près le château de la ville de Mayenne, contenant :

« Que pour faire un établissement perpétuel et avoir un lieu pour y servir Dieu, il leur avait été proposé la vente de quelques pièces de terre, au bout du faubourg Saint-Martin de notre ville de Mayenne, proche la chapelle de la Madeleine, mais que, comme leurs dots sont très-médiocres et qu'elles n'ont autre revenu que leurs pensions viagères, elles ne peuvent faire tous les frais des bâtiments et édifices nécessaires pour cet effet, si elles ne sont aidées et secourues en leurs desseins ;

« Que, comme la plus grande dépense est d'y faire une église pour y célébrer le service divin, elles ont recours à nous, ladite chapelle de la Madeleine, avec les places et issues étant proches ou ès environs d'icelle, nous appartenant, à laquelle chapelle il n'y a aucun revenu, ayant été bâtie par dévotion et pour la commodité des habitants du faubourg Saint-Martin, où il n'y a que la seule église de la paroisse ;

« Que leurs bâtiments serviraient à la décoration et embellissement dudit faubourg ;

« Qu'il nous plût leur accorder la liberté de leur établissement en icelui faubourg et leur donner ladite chapelle de la Madeleine pour servir d'église à leur monastère, avec les places étant ès environs d'icelle, compris une partie du cimetière de la paroisse qui est inutile, pour du tout disposer ainsi qu'elles en ont besoin, pour la nécessité de leur dessein, sous leur soumission d'entretenir bien et dûment ladite chapelle et de tenir toujours, depuis soleil levant jusqu'au couchant, une porte d'icelle ouverte pour la liberté des dévotions d'un chacun.

« La délibération de notre Conseil sur ladite requête, du 28 novembre dernier, portant qu'elle serait communiquée aux curé, prêtres et marguilliers de la paroisse de Saint-Martin et que lesdites dames religieuses enverraient à notre conseil les pièces en vertu desquelles elles ont été établies en la maison qu'elles occupent à présent, proche notre ville de Mayenne.

« L'acte passé devant Frémont et Lesueur, notaires royaux audit lieu, le 30 Septembre 1654, par lequel lesdits curé, vicaire et autres ecclésiastiques, officiers, bourgeois et habitants de notre dite ville de Mayenne, dûment congrégés et assemblés en la manière accoutumée en l'audience dudit lieu, à la diligence de leur procureur syndic, ont, sous notre bon plaisir, consenti autant qu'à eux est, l'établissement desdites dames religieuses, sans néanmoins qu'iceux habitants soient tenus à aucunes charges, ni obligations de leur part.

« Décret décerné par M⁰ Philibert-Emmanuel de Beaumanoir, évêque du Mans, le 13 Novembre 1654, par lequel, autant qu'à lui est, il a consenti l'établissement desdites dames religieuses, aux clauses et conditions y contenues.

« La publication faite au prône de la messe paroissiale de l'église Saint-Martin, le dimanche 8 Novembre 1658, à la diligence des procureur-syndic et fabriciens de ladite paroisse, de l'ordonnance de notre Conseil.

« Acte de l'assemblée faite le même jour, à l'issue de la messe paroissiale, attesté par Duroil et Lemaistre, notaires royaux, par lequel le sieur curé de ladite paroisse de Saint-Martin, les autres prêtres habitués de ladite église et les paroissiens d'icelle ont reconnu que l'établissement dudit monastère audit faubourg est très commode pour les habitants d'icelui et pour le public.

« Le tout bien et dûment examiné en notre Conseil.

« Ayant égard à la supplication à nous faite par lesdites dames du Bellay et autres religieuses, leur avons permis, concédé et accordé, et, par ces présentes, leur permettons, concédons et accordons, pour elles et leurs successeurs, leur établissement et demeure perpétuelle audit faubourg Saint-Martin de notre dite ville de Mayenne, et, à cet effet, de disposer de la chapelle de la Madeleine, étant au haut dudit faubourg, places et environs d'icelle, pierres et autres matériaux des anciens bâtiments ruinés y étant, même de l'endroit du cimetière, suivant les bornes qui ont été apposées, — à la charge expresse de laisser une porte de ladite chapelle ouverte, depuis soleil levant jusqu'au couchant, pour la liberté des processions et dévotions d'un chacun, même de l'entretenir en bon et dû état ; et, si Dieu afflige les habitants de maladie, de peste ou de pollution de l'église de ladite paroisse, en sorte que le service divin ne puisse y être célébré, lesdites dames religieuses et leurs successeurs au monastère souffriront que lesdits curés et prêtres se servent de ladite chapelle pour y célébrer les messes et faire le service divin aux heures commodes, en sorte que lesdites dames religieuses fassent leurs services à leurs ordinaires, en tant que faire se pourra, et lesdits paroissiens pourront y assister. Les offrandes appartiendront, ainsi qu'il est accoutumé, audit curé et ses successeurs, qui y feront mettre un tronc pour les recevoir, duquel ils auront la clé, auquel il y aura un écriteau, en ces termes : « Tronc pour les offrandes de M*r* le curé de Saint-Martin. »

« L'image de sainte Marie-Madeleine, qui est présentement au milieu du grand autel de ladite chapelle, sera mise à l'autel que les dites dames pourront faire bâtir, en tel lieu que bon leur semblera, et les autres images en relief seront placées en lieu décent, à côté dudit autel ou autres lieux que lesdites dames verront bon être.

« Et encore la dite concession est faite à la charge expresse par lesdites dames et leurs successeurs de faire, chaque jour, leurs prières pour nous et nos successeurs, ducs de Mayenne, et de faire célébrer à perpétuité une messe haute de *requiem* en ladite église, par chacun an, le jour du décès.

« Mandant à nos officiers audit duché de faire jouir lesdites dames religieuses et leurs successeurs du contenu en ces présentes, que nous avons signées de notre main, icelles fait sceller de nos armes et contresigner du secrétaire de nos commandements, à Paris, le neuvième jour de janvier mil six cent cinquante-neuf. »

Signé : Le cardinal Mazarini, avec paraphe, et sur le repli : Par Monseigneur, Rose.

Ensuite est écrit :

« Lues et publiées et enregistrées au greffe et papiers

du domaine du duché-pairie de Mayenne, ouï et con-
sentant le procureur général d'icelui, pour jouir, les
dites dames religieuses, de l'effet des présentes, aux
charges, clauses et conditions y portées...

« Donné à Mayenne par devant nous, Jean Le Goué,
lieutenant général civil, criminel et enquêteur audit
lieu, le septième mai mil six cent cinquante-neuf.

Signé : Le Page.

« Nous, René-Patrice Jamelin, économe des biens et
revenus du couvent de l'Assomption de la Madeleine,
au faubourg Saint-Martin de la ville de Mayenne, certifions à tous qu'il appartiendra que la copie ci-dessus est
conforme à son original en parchemin, étant au trésor
de ladite Communauté, que nous y avons remis.

« En foi de quoi, j'ai signé la présente, à Mayenne, le
seize septembre mil sept cent soixante. »

Signé : JAMELIN.

La donation des habitants et la concession du
cardinal avaient été acceptées par les religieuses dès le
7 mai 1659, par acte devant Esnault, notaire à Mayenne,
c'est-à-dire le jour même de leur enregistrement au
greffe du domaine du duché.

Les bénédictines se trouvaient en possession d'une
chapelle, mais le couvent était à édifier en entier. Sa
construction fut menée avec rapidité, grâce à la générosité des habitants et aussi de René du Bellay, qui
n'avait pu espérer un pareil succès de l'établissement
de ses sœurs à Mayenne.

Les bâtiments étaient en grande partie achevés en
quelques mois et les religieuses en prirent possession le
10 mars 1660. Une cérémonie eut lieu à cette occasion.
Le Saint-Sacrement fut porté processionnellement de
Saint-Martin à la chapelle de la Madeleine par Lepeltier,

archidiacre de l'évêché du Mans. Le clergé des deux paroisses de Mayenne et les officiers de la ville assistaient à cette fête, suivis d'un grand nombre de personnes.

Le nouveau couvent ayant été dédié à l'Assomption de la Vierge, on appela les religieuses « Bénédictines « de l'Assomption de la Madeleine », parfois « Bénédic- « tines de la Madeleine ».

Les emplacements avoisinant la chapelle, occupés jadis par la maison du desservant et son jardin, étaient bien insuffisants pour une communauté, et les religieuses firent diverses acquisitions.

« Sur l'espérance et sous la condition que les ecclé- « siastiques et les habitants de la paroisse Saint-Martin « leurs accorderaient la grande chapelle de la Made- « leine, elles avaient acheté de François Gaultier, mar- « chand tanneur, et de Guillemine Hoyau [1], sa femme, « par contrat devant Pierre Esnault, notaire à Mayenne, « du 10 juin 1658, les immeubles suivants :

« 1ent. — Une pièce de terre, nommée le Champ de la « Chapelle, contenant cinq quarts de terre ou environ[2], « côtoyant d'un côté la dite chapelle, d'autre côté une « pièce de terre appartenant à Julien Goussault, sieur « de la Fontaine, d'un bout le pavé de Saint-Ouis, d'au- « tre bout une pièce de terre appartenant à Mathurin « Gestière ».

« 2ent. — Une portion de terre en long, plantée d'ar- « bres, nommée le Queue (le Clos), côtoyant d'un côté « le grand cimetière, d'autre côté le champ Gestière, « d'un bout la pièce de la Chapelle et d'autre bout le « chemin de la rue aux Morts, avec haies, espace devant « le champ de la Chapelle sur le Grand-Chemin ». Par

---

(1) Les biens vendus appartenaient à Guillemine Hoyau. Celle-ci, fille de Michel Hoyau-Chaponnais, eut pour fils Mathurin Gaultier, sieur de la Grouas, marchand tanneur.

(2) Cinq quarts c'est-à-dire un journal et un quart.

Grand-Chemin, on entendait sans doute la rue de la Madeleine. Plus tard, on appela ainsi la route royale de Paris à Brest, et quelques personnes se servent encore de cette expression pour la désigner.

Le prix principal de l'acquisition de ces pièces de terre s'élevait à 1300^{tt}. Les acquéreuses s'obligeaient en outre « de faire services et prières pour lesdits Gaultier « et femme, lors de leur décès et incontinent après ».

Le 27 janvier 1660, Julien Goussault, sieur de la Fontaine, vendit au couvent un autre clos pour 1600^{tt}.

Les religieuses achetèrent d'Antoine Gestière, prêtre, curé de Saint-Martin de Mayenne, « une portion de terre « à prendre dans le champ du Four du dit Gestière, au « niveau et ligne droite du mur desdites dames religieu- « ses jusqu'au fossé de la pièce de terre nommée de la « Barre », par contrat passé devant Pierre Mesnage, notaire royal à Mayenne, le 8 Février 1689. Le prix de la vente était de 200^{tt} (1).

Tous ces prix étaient excessifs pour des terrains qui se trouvaient en dehors des habitations du faubourg Saint-Martin, et les vendeurs avaient profité de l'impérieuse nécessité dans laquelle le nouveau monastère se trouvait de les acquérir.

Le duc de Mazarin donna, en 1687, 1200^{tt} pour aider à la construction des murailles de l'enclos. Il invita la municipalité de Mayenne à faire, de son côté, un don de 600^{tt}, mais elle allégua les charges nombreuses de la ville pour se soustraire à cette générosité.

Le cimetière des bénédictines fut placé à l'est, près du chemin de Saint-Ouis, et les vieux murs qui, le long de ce chemin, closent les jardins de la rue Volney (ancienne rue Verte) sont les seuls débris qui restent aujourd'hui du couvent de la Madeleine.

(1) Antoine Gestière avait pris possession de la cure de Saint-Martin le 10 Février 1663, devant Nicolas Lemaître, notaire royal à Mayenne.

Les bénédictines devinrent propriétaires, soit par acquisition, soit par donation :

1° du bordage de la Ménardière, situé paroisse de Saint-Martin de Mayenne, donné par Jacques et Françoise Rivière, frère et sœur, le 8 Novembre 1669. Cette propriété, dans la censive du prieuré de Montguyon, se composait d'une maison, d'une grange, d'un toit à porcs, d'un jardin et de cinq pièces de terre nommées le champ du Mallet, le champ du Bassin, le Friche, le champ de l'Ardillon et le champ Saulnier [1].

2° de la closerie du moulin des Vaux, en Champéon.

3° du pré du Champ de foire de la Madeleine, au faubourg de Saint-Martin de Mayenne, dont nous allons parler.

4° d'un trait de dîme au Pâtis, en Alexain.

5° de la moitié des dîmes de la Cheloire, paroisse de Saint-Jean-sur-Mayenne.

[1] Le prieuré de Montguyon, situé paroisse de Placé, possédait en Saint-Martin de Mayenne les fiefs suivants : « le lieu de la Mesnardière, le clos de l'Ecusson, situé sur le chemin (ancien) de Montsûrs et le chemin de Mayenne à Moulay, et d'un bout au carrefour de ces chemins (angle formé par la route de Laval et le chemin de la Tricottière ; — le clos de la Madeleine de deux journaux, aboutant au chemin allant de la croix de la Madeleine à la Mesnardière ; — un journal de terre, joignant le chemin de la Madeleine à Saint-Ouls ; — le champ du Ronceray, de deux journaux ; — le champ de Labour, de deux journaux ; — le clos de la Chesnale, de deux journaux et demi — un jardin sur le chemin du Pont de Mayenne à la Roche-Gandon ; (ancienne rue de la Roche-Gandon qui, du bout de la rue du ruisseau Quellier, allait gagner le chemin de Férichard) ; — un courtil joignant le même chemin ; — un pré entre la rivière la Mayenne et le chemin de Moulay ; — un autre pré et un courtil, joignant la dite rivière ; — la maison, terres et appartenances des Vallées, près la rivière ; — trois maisons avec cheminées, une maison sans cheminée nommée Leventois, un cellier à côté, un appentis, une petite cour, étrages et dépendances, boutant d'un bout le chemin appelé la rue de Boyère, joignant la ruelle par où l'on va abreuver les chevaux à la rivière ; — un jardin à chanvre, contenant une journée d'homme bécheur, joignant le chemin à aller au moulin à papier (Déclaration passée le 8 mai 1660 aux plaids et assises de Montguyon, tenus par Guillaume Grappé, sieur de la Gélinale, sénéchal du prieuré, qui avait pour greffier, Nicolas de Montgodin, notaire à Placé.

6° d'une rente de 6^{lt} 13^s 4^d.

A ces revenus, il y aurait à ajouter les dots des religieuses et le léger profit qu'elles pouvaient tirer des grandes pensionnaires qu'elles recevaient. Celles-ci furent toujours peu nombreuses. Parmi elles, nous trouvons :

Catherine de Champagné, qui eut pour curateur René Richer, sieur des Brosses (1689).

Marie-Gervaisine Lépineau (1692).

Jeanne-Michelle Bouesseux, qui avait demeuré à Grigné, paroisse de la Dorée. Elle chargea un mandataire « de poursuivre l'effet du contrat de mariage, « qu'elle avait fait avec Guillaume Le Dauphin, n'osant « en quelque sorte sortir du couvent et par conséquent « hors d'état de vaquer et diriger ses affaires ». Il y avait eu séparation de corps entre elle et son mari, et le couvent lui paraissait le seul asile sûr où elle n'aurait plus à craindre les violences de ce dernier.

Marguerite Chevalier de Beauchesne, dont nous avons raconté les infortunes de cœur dans *Souvenirs du Vieux Mayenne.*

Au nord du couvent se trouvait le Champ de foire de la Madeleine dont il vient d'être question. Il appartenait jadis aux moines de Marmoutier, qui avaient été transférés du prieuré de Saint-Etienne de Mayenne à Fontaine-Géhard, paroisse de Châtillon-sur-Colmont (1).

(1) Le fief de la Madeleine est désigné en entier dans un égail de fief dressé par François Nepveu, notaire royal et arpenteur à Contest, le 3 décembre 1666. Il comprenait : Le champ du Four, près du cimetière de la Madeleine, de 2 journaux 3 perches ; une étable, un cellier, une grange et étrages à l'Angellerie, contenant 2 perches 1/2 ; le verger de l'Angellerie, rue et haies de 18 perches ; une portion du pré de l'Angellerie, de 113 perches ; un jardin joignant le dit verger, de 15 perches ; la Feuvarie, de 206 perches ; le champ du Puits, une étable, une grange et étrages, contenant 32 perches 1/3 ; le champ de l'Angellerie, de 215 perches ; un autre verger, de 41 perches 1/2 ; le champ de l'Epine, de 302 perches 3/4 ; une portion du haut du pré de la

Le 2 janvier 1457, ces religieux avaient baillé, à rente perpétuelle, à Jean Poulain « la pièce de terre, nommée « le Grand-Clos de la Madeleine, servant de champ de « foire le jour de la foire de la Madeleine, contenant « quatre journaux ou environ, joignant d'un bout le « grand chemin de Mayenne au Mans (rue de la Davière « et son prolongement), d'autre aux terres de Fereschal « (Férichard) et d'un côté aux terres Chopelin, moyen- « nant 60 sous de rente annuelle et à la charge de tenir « la foire ordinaire en ladite pièce, qui était un fief de « prieuré. » Le Champ de foire a actuellement une su- perficie de quatre hectares quatre ares cinquante cen- tiares, y compris la terrasse du chemin de chemin de fer ; il a subi des remaniements nombreux.

Madeleine, de 3 perches ; la petite lande de Saint-Ouis, de 58 perches 1/2 ; le petit champ de la Meltière, de 125 perches; le clos, de 80 perches ; le champ Blanc, de 120 perches ; le champ de la Madeleine, de 197 perches 3/4 ; 10 mai- sons dont plusieurs avec jardin et issues, sises au faubourg Saint-Martin, l'une d'elles désignée « avec cheminée ronde » ; un jardin, de 7 perches ; la lande du bas de Saint-Ouis, de 85 perches : la lande du haut, de 100 perches ; le champ de Dessus-les-Prés de 126 perches ; le pré de la Porte, de 101 per- ches ; le Graveau, de 91 perches 2/3 ; le champ au Moine, de 68 perches ; le champ et le pré de la Madeleine, de 318 perches ; le champ et le pré de la Lavanderie, bâtiments, jardins, emplacement de lavanderie, contenant 269 perches 1/3 ; une portion de jardin, de 36 perches; le clos à l'Ane de 152 perches 3/4 ; une portion du pré de Malaumône, de 47 perches ; le pré de la Porte, de 32 perches 1/4 ; deux portions aux deux côtés du pré de la Porte, 101 perches 1/2 ; le champ Besnerie, de 151 perches 1/2; le closeau de l'Ardillier, de 13 perches 1/2 ; le champ du Petit-Graveau, de 93 perches 2/3 ; le champ Blanc, avec la rue, de 118 perches 1/2 ; le jardin des Cerisiers, de 23 perches 1/3 ; le champ du Graveau, de 140 perches 1/2 ; le champ de la Croix, de 73 perches 1/3 ; le verger des Planches, de 27 perches 1/4.

Les détenteurs des biens du fief de la Madeleine étaient conjointement dé- biteurs de Géhard, chaque année, de 105 sols tournois.

Au nombre des maisons de ce fief figuraient deux auberges, la Croix Blanche et le Grand Turc. L'hôtellerie de la Croix Blanche existait Grand'- Rue Saint-Martin, au milieu du xvii° siècle. Le Grand Turc et un pré derrière furent achetés par l'Hôpital général de la Madeleine, aux termes d'un con- trat reçu par Cherbonnel, notaire à Mayenne, le 22 décembre 1781. Une au- berge, où pendait la même enseigne, avait été ouverte également rue de Baudais.

Le 18 octobre 1698, les religieuses achetèrent de Jacques Morin, curé de Saint-Martin [1], « la pièce de terre « nommée le Grand Champ de la Madeleine, où se « tenait la foire dite de la Madeleine, avec une petite « maison étant à l'entrée d'icelui, couverte en bardeau. « Cette acquisition eut lieu moyennant un prix de « 4.000$^\#$ » [2].

Le champ de foire était alors affermé « sept vingts livres par an. » Jacques Morin le possédait comme l'ayant recueilli dans la succession de sa mère, Marguerite Saiget, épouse d'Ambroise Morin, sieur de la Pitardière, et il lui était échu suivant partage du 30 août 1685. L'acquisition en avait été faite par François Saiget, père de Marguerite Saiget, de Jean Rolland, sieur de Beauchesne, par contrat du 30 août 1677.

(1) Jacques Morin, qui demeurait au Mans, pourvu par le pape de la cure de Saint-Martin de Mayenne, fit revêtir ses lettres de provision du visa de l'évêché du Mans, le 11 septembre 1691. Le 19 du même mois, son mandataire Jean Chailloux, prêtre habitué de Notre-Dame de Mayenne, prit possession de l'église et du presbytère, devant Pierre Mesnage et René Esnault, notaires royaux à Mayenne.

(2) Le champ de foire de la Madeleine n'a donc point été donné par un sieur de la Triballe, comme on le répète encore. (Voir *La Triballe*, étude philologique et humoristique sur la foire de la Madeleine, à Mayenne, dans le *Bulletin historique et archéologique de la Mayenne*, 2ᵉ série, tome I, 1889).

CHAPITRE III

—

NOMS DES PRIEURES ET DE QUELQUES RELIGIEUSES. —
PROCÈS DES RELIGIEUSES AVEC LE CURÉ DE SAINT-
JEAN-SUR-MAYENNE. — DIFFICULTÉS ENTR'ELLES ET LES
PAROISSIENS DE SAINT-MARTIN DE MAYENNE ; LES TROIS
CIMETIÈRES DE CETTE PAROISSE. — UNE INHUMATION DANS
LA CHAPELLE DE LA MADELEINE. — UN ENFANT TROUVÉ.

Le couvent des bénédictines de la Madeleine eut sept prieures.

A la mort d'Anne-Guyonne du Bellay, première supérieure, sa sœur Charlotte lui succéda. Celle-ci mourut le 26 juillet 1684 et fut remplacée par Marie-Françoise-Elisabeth Crévecœur de Rabodanges, professe du monastère de la Fontaine-Saint-Martin, fille de Louis de Rabodanges et de Marie de Lonchamp, dame de Fumichon [1]. Sa prise de possession eut lieu devant Pierre Tulard, doyen de Javron, curé de la Chapelle-au-Riboul.

Dix ans après, sur la demande sans doute de sa famille, cette prieure fut transférée par le roi au couvent des bénédictines de Saint-Antoine de Domfront. Elle avait six frères, sept sœurs dont cinq entrèrent

[1] Les Rabodanges portaient comme armoiries « Ecartelé au 1 et au 4 d'or à la croix ancrée de gueules, au 2 et au 3 de gueules à trois coquilles d'or. » L'écu avait pour supports deux anges et pour cimier un ange montrant un rabot et surmonté de cette devise : « Encore n'est-il qu'un rabot d'ange. » (V. *Les Rabodanges*, par M. de Brébisson. Rouen, librairie Lestringant 1901).

Marie de Lonchamp était née du mariage de Jean de Lonchamp, baron châtelain d'Ouilly, seigneur de Fumichon et de Marie de Frotté.

aussi en religion : Catherine, prieure de la Fontaine-Saint-Martin; Marie-Françoise, prieure du même monastère, après sa sœur ; Angélique, religieuse du même couvent ; Louise, religieuse à Brionne et Anne, religieuse aux Ursulines de Falaise.

Renée Pagot de Rougemont, qui succéda à la prieure de Rabodanges, était une professe du monastère de Villarceau. Elle prit possession du couvent de la Madeleine, le 6 janvier 1694, devant Jean-Félix Durand, curé de Notre-Dame de Mayenne, mais ses infirmités ne lui permirent pas de conserver le prieurat ; elle donna sa démission, le 3 novembre 1696.

Anne-Françoise Martineau, professe de Fontevrault, prieure de la Madeleine, au diocèse d'Angers, prit possession du monastère de Mayenne le 14 novembre 1696, en présence de Michel Etigneux, chapelain du couvent, Gabriel Martineau, prieur de Brignon, et d'un autre prieur nommé Bonneau, ces deux derniers ses parents, sans doute. Elle gouverna la maison pendant trente ans et résigna son office en faveur de Marie-Diane-Angélique Quesnel de Quellon, religieuse du Pont-de-l'Arche, près Evreux, que nous voyons entrer en possession de sa charge, le 20 février 1727, devant Davoynes, notaire à Mayenne, en présence de Pierre Collin, François Lambleux, Guy Fourneau, Pierre Richard, Louis Bourgoin et Rocher, prêtres, Pierre Bouessay de la Morinière, lieutenant général civil et criminel à la Barre ducale de Mayenne, Jules-Gervais Bouessay du Coudray, juge criminel [1], et Jean-René Tanquerel, procureur général du duché de Mayenne [2].

---

[1] Pierre Bouessay, maire de Mayenne, chevalier de l'ordre de Saint-Lazare et de Notre-Dame du Mont-Carmel, mari de Renée Gravelle, et Jules-Gervais Bouessay, époux de Jeanne Lefebvre de Cheverus, étaient fils de René Bouessay et de Madeleine du Goutil.

[2] Jean-René Tanquerel, fils de René Tanquerel et de Geneviève Rivière.

La prieure Quesnel ayant donné sa démission fut remplacée, en 1745, par Catherine Martineau dite de Saint-Maur, religieuse de l'Abbaye d'Aussonne, près Angoulême. Jean-François Chabrun de la Carlière, prêtre, principal du collège de Mayenne [1], muni de sa procuration [2], prit en son nom possession du prieuré de la Madeleine le 5 février 1745, en présence de François-René Barbeu du Bourg, curé de Saint-Martin de Mayenne, et de Pierre Collin, prêtre, chapelain des bénédictines du couvent du Calvaire de Mayenne.

Comme on vient de le voir, les religieuses de la Madeleine n'avaient pas eu parmi elles, depuis les deux premières prieures, de sujets assez distingués pour avoir la direction du monastère, et leurs supérieurs ecclésiastiques s'étaient trouvés dans la nécessité d'en faire venir d'autres maisons.

Nous ne pouvons donner les noms que de quelques-unes des religieuses de notre couvent :

1665. — Françoise Rivière.

1665. — Anne Rivière, dite des Anges.

1665. — Renée Rivière, dite de la Nativité [3].

1665. — Renée Chabrun.

1665. — Marie Picard.

1665. — Marie Labitte.

(1) Jean-François Chabrun de la Carlière, était : 1° fils de Jean Chabrun et de Renée Gournay ; 2° petit-fils de Louis Gournay, sieur de Fougerolles et de Jacquine Fourmy ; 3° arrière-petit-fils de François Fourmy de la Musardière et de Claudine Fourmy (sic) ; 4° frère de Renée-Octavie et de Marie-Françoise Chabrun. Cette dernière eut de son mariage avec Guillaume Cheux, sieur de la Savinière, un fils, Michel Cheux, notaire royal.

(2) Cette procuration fut signée à Paris, rue de la Porte-Saint-Denis, à la Communauté des Dames de l'Union Chrétienne, dite de Chaumont.

(3) Les deux religieuses, Françoise et Renée Rivière, étaient filles de René Rivière, procureur du roi au Grenier à sel de Mayenne, et de Marthe Thoumin, et petites-filles de Jacques Rivière, procureur au Grenier à sel, et de Jeanne Bougler.

1692. — Hélène Lemoyne, dite de la Présentation.

1692. — Anne Leclerc, dite de Saint-Benoît.

1692. — Catherine Chauvière, dite de Saint-Joachim.

1696. — Jacquine Houdayer.

1696. — Catherine de la Motte, dite de Saint-Joachim.

1696. — P..... de Pincenault.

1696. — Julienne Lemée, dite de la Conception ou de la Compassion.

1696. — Guyonne de Goué, dite de Sainte-Angélique.

1698. — Marie-Gabrielle N....., dite de Saint-Louis.

1698. — Marie-Antoinette Leforestier, dite de Sainte-Thérèse. D'abord religieuse au couvent des Ursulines de Lisieux, elle quitta cette maison pour entrer comme novice à la Madeleine, en 1688, à la suite probablement de difficultés avec son père. Ses affaires d'intérêt avaient été confiées par elle « à Jean-Baptiste de Crévecœur, abbé de Rabodanges, seigneur de Cherville et des Rougesterres, demeurant à Fulmichon, diocèse de Lisieux », qui était l'un des frères de la troisième prieure du couvent de Mayenne, dont on a parlé[1].

1727. — Jeanne Beucher, dite de Sainte-Anne.

1727. — Renée Collin, dite de Saint-Marc.

1727. — P... Garnier, dite de Saint-Benoît.

1727. — P... Guerrier.

1727. — Françoise Quentin, dite de Sainte-Thérèse.

1727. — Marie Le Boisne, dite de Sainte-Placide.

1732. — Renée Guérin, dite de Sainte-Scholastique.

1732. — Renée Delalain, dite de Saint-Marc.

1734. — N... dite de Sainte-Anne.

1734. — Madeleine Godeau.

1734. — Sainte-Louise Ronné.

1734. — N... dite de Saint-Raphaël.

---

[1] Voir acte devant Mesnage, notaire à Mayenne, du 8 juillet 1688.

Les couvents ont aussi bien que les familles des jours pénibles. La Madeleine connut les difficultés et eut même des procès.

Parmi les biens que possédaient les bénédictines de l'Assomption, se trouvait la moitié des dîmes recueillies dans le canton de la Cheloire, paroisse de Saint-Jean-sur-Mayenne. René Arnoul, curé de Saint-Jean, en contesta la possession aux religieuses.

Le monastère dut soutenir un procès devant la Barre ducale et obtint gain de cause par jugement du 3 octobre 1674. Le curé ne se tint pas pour battu et interjeta appel, mais, après avoir pris le temps de la réflexion, il se décida à s'en désister. Dans un acte du 24 mai 1675, passé devant Michel Davoynes, notaire royal à Mayenne, il reconnut que, tant par leurs titres que par leur possession, les religieuses justifiaient avoir la propriété de la moitié de la dîme des « Echeloires », qui était une dîme inféodée, et consentait à ce que la sentence du juge de Mayenne reçût son plein et entier effet « pour « le principal et même pour les dépens ». Par bienveillance pour leur adversaire, les bénédictines n'exigèrent pas ceux-ci en entier et se contentèrent de 118 *#*.

En 1701, il y eut aussi difficulté entre le couvent et les paroissiens de Saint-Martin, touchant les limites du terrain qui avait été abandonné.

Il existait à l'ouest de la chapelle et du couvent, sur le sol actuel de partie de la voie ferrée de Caen à Laval, dans le jardin de la gare et même sur la rue Colbert, un cimetière dépendant de la Madeleine, qui servait alors pour la paroisse de Saint-Martin. On y accédait par une rue dite du Cimetière ou des Morts, qui se trouvait sur le prolongement vers l'est de la rue de la Petite-Levée (rue Dupont-Grandjardin) et suivait le côté nord de l'avenue de la gare du chemin de fer.

Un escalier de plusieurs marches permettait de monter au cimetière dont le niveau était supérieur à celui de la rue.

La donation faite par les paroissiens aux religieuses avait compris « la chapelle, les places et environs, pierres et autres matériaux des anciens bâtiments ruinés y étant, *même de l'endroit du cimetière, suivant les bornes qui avaient été apposées* ». Ce sont les termes de la cession du cardinal de Mazarin. Une portion du cimetière se trouvait entre le bas de la chapelle et la voie publique. Figurait-elle parmi les immeubles accordés ? Les religieuses, qui avaient peut-être commis l'imprudence de laisser la fabrique de l'église de Saint-Martin jouir de ce terrain comme du reste de l'enclos du cimetière, firent acte de possession en y édifiant une construction et en ouvrant un chemin d'accès. Elles furent aussitôt inquiétées par les paroissiens ; ceux-ci se plaignaient de l'empiètement du monastère, de l'extension qu'il donnait aux termes de la donation. Les expressions dont s'était servi le cardinal de Mazarin différaient de celles employées par les habitants dans les actes qui ont été relatés. Il y eut procès ; une action possessoire fut intentée au couvent.

Les paroissiens représentés par Jean Morice, sieur des Besneries, procureur de la fabrique, disaient dans un mémoire : « A remarquer que par la concession et déli-« bération desdits habitants, du 16 juin 1658, en faveur « des dames du Bellay, religieuses, ils leur ont donné la « chapelle de la Madeleine tant fonds que superficie, « ainsi qu'elle est construite au haut de leur grand cime-« tière, plus ont encore donné les places vides aux côtés « et au bout du haut de ladite chapelle, y compris les « vieilles masures, les anciens édifices ruinés avec les « matériaux, *hors l'enclos de leur cimetière, qui n'est pas* « *compris audit don.*

« Ces places vides à côté de la chapelle et au bout du
« haut étaient par où l'on faisait la procession autour,
« pendant qu'elle leur servait d'église paroissiale, et
« encore où est la petite cour au long de la rue et à côté
« de ladite chapelle, au haut dudit cimetière ; mais, au
« bout du bas où est la grande porte d'entrée, lesdits
« habitants n'ont entendu ne rien donner, au contraire,
« ont expressément réservé leur dit cimetière ; et dans ce
« qui est audit bout dudit bas, il n'y a jamais eu de place
« vide ; il a toujours été en cimetière, si vrai que l'on y
« enterre des corps d'ordinaire.

« Les habitants ont toujours joui de tout le cimetière,
« réservant les fruits, disposant des arbres tombés, même
« depuis un an, et fait enterrer les corps ; néanmoins les
« dites dames religieuses prétendent qu'une partie au
« haut d'icelui, de plus de trente-six pieds au travers
« dudit cimetière, au-devant de la porte du bas de ladite
« église, leur appartient.

« Ce fondement prétendu est sur les places vides, sur
« des bornes mises, rapportées en quelques actes qu'elles
« ont faits. Sur quoi il y a eu descente faite par M. Legoué,
« le juge ordinaire, par laquelle il ne s'est trouvé aucune
« devise que l'on puisse connaître. »

Les religieuses répondaient :
« Que par les lettres de concession du cardinal, son
« Eminence leur avait donné la chapelle de la Madeleine
« pour servir d'église à leur monastère avec les places
« étant aux environs d'icelle, *compris la partie du cime-*
« *tière qui était inutile, suivant les bornes qui avaient*
« *été apposées.*

« Qu'elles revendiquaient la partie du cimetière mar-
« quée par les bornes et arbres plantés entre ladite église
« et la petite chapelle ; laquelle partie de cimetière n'avait
« jamais servi depuis aux hommes, sinon pour le droit

« de passage lors des processions ou en leur nécessité,
« réserves faites par lesdites lettres de concession. »

L'issue du procès intenté par la fabrique de Saint-
Martin ne nous est pas connue. Il dut être terminé par
un arrangement favorable aux religieuses, et ce qui porte
à le penser, c'est qu'elles servirent pendant un certain
temps une rente de 6[#] à la fabrique de Saint-Martin
« pour l'usage de leur église et pour les terrains autour,
« abandonnés aux dites dames par la paroisse. » Ces terrains semblent bien être ceux qui étaient en litige. Le
couvent amortit la rente de 6[#] en 1715.

Cette querelle des habitants ne les empêcha pas de
concevoir une grande affection pour les bénédictines, et
ils en donnèrent, comme nous le verrons, des preuves
réitérées.

On avait une grande dévotion à sainte Marie-Madeleine de Mayenne et les pèlerins venaient à son sanctuaire, même de loin [1].

Un *Stabat* y était chanté, le premier dimanche de
chaque mois, par le clergé de Saint-Martin. La fondation de cette dévotion remontait à l'année 1627.

Les curés des deux paroisses de Mayenne condui-
saient leurs processions à la chapelle de la Madeleine.

Celui de Notre-Dame y célébra la messe le 24 juin 1640,
jour de la fête de Saint-Jean-Baptiste ; on fit un feu de
joie au milieu du pont de Mayenne et le clergé y chanta
un *Te Deum* et les louanges du précurseur du Christ.

Le lundi de Pâques et le lundi de la Pentecôte, le
clergé de la même paroisse se rendait en procession à la
chapelle, à l'issue de la grand'messe. Il y avait également

(1) Voir à l'Appendice, note A, le testament de Michel Nicole, reçu par Simon Mandet, prêtre, chapelain de l'église de Champgenéteux, du 12 février
1473.

procession, après les vêpres, le dimanche précédant le 22 juillet, date de la fête de sainte Marie-Madeleine.

Le jour de la foire de la Madeleine, des marchands s'installaient au-devant de la chapelle et du cimetière; la fabrique de Saint-Martin percevait sur eux des droits d'étalage. En 1606, ils s'élevèrent à 17ˢ8ᵈ.

La coupe des herbes du cimetière et les fruits de ces arbres étaient vendus par la fabrique. En 1468, l'herbage fut adjugé pour 3ˢ et les fruits moyennant 14ˢ4ᵈ.

Les huguenots avaient abattu la croix de la Madeleine, en 1572. Elle fut réparée et relevée l'année suivante.

Un ouragan renversa, le 3 juillet 1611, le clocher de la chapelle. Il détruisit également ceux de l'église de Notre-Dame, de la chapelle des capucins, de la chapelle du cimetière Saint-Antoine, de la chapelle de la léproserie Saint-Jacques et une partie de la toiture de ces édifices.

La paroisse de Saint-Martin eut jadis trois cimetières. Celui de la Madeleine était d'ordinaire choisi par les familles comme lieu de sépulture ; aussi s'explique-t-on le soin que les habitants prenaient de ne pas en laisser diminuer la grandeur.

Au nord et à l'est de l'église de Saint-Martin, il existait un cimetière avec une croix de bois. Dès la fin du xviᵉ siècle, les inhumations y étaient rares. On le nommait le cimetière des Innocents ; en dernier lieu, on finit par ne plus y enterrer que les enfants morts sans baptême et les suicidés [1]. Il était clos de murs, formait terre-plein au-dessus de la rue. Les fidèles y accédaient par

[1] Le curé de Saint-Martin écrivait sur son registre des décès : « Le 8 novembre 1591, fut tué et enterré, au petit cimetière de Saint-Martin, Jean Sublard le jeune, lequel n'avait été longtemps en mariage ».

deux escaliers, l'un du côté de la Croix-Melleray, au haut duquel se trouvait une porte et à côté un échalier, l'autre en face la rue de l'Église avec portail à claire-voie, ouvrant sous un porche voûté et ouvert latéralement, qui se continuait jusqu'à la grande porte de l'église, surmontée extérieurement d'un groupe en terre cuite, représentant saint Martin à cheval, coupant son manteau pour en donner la moitié à un pauvre. Le cimetière n'avait pas, écrivait-on, plus de cinq pieds de largeur entre le pignon de la chapelle Saint-Roch et la rue de la Croix-Melleray[1]. On enleva cette bande de terre pour élargir la voie publique. Lors de sa visite du 2 avril 1705, le doyen de Javron ordonna que les ossements, qui restaient dans la partie déblayée du cimetière, seraient transportés dans un des autres cimetières de la paroisse.

Il existait, en effet, un troisième cimetière à l'est de la rue aux Morts (rue Barbeu-Dubourg), entre la rue Saint-Martin et la rue de la Petite-Levée (rue Dupont-Grandjardin). Des ossements ont été retirés du sol à différentes époques. Le nom de « rue aux Morts » fut, comme on l'a dit, donné également à la voie qui conduisait au cimetière de la Madeleine et longeait au nord l'avenue de la gare.

Des inhumations étaient-elles faites dans la chapelle de la Madeleine ? La copie du testament dont nous allons citer plusieurs passages le laisserait supposer ; cependant nous en doutons. Il a dû y avoir erreur de copiste dans l'expédition que nous avons vue.

---

[1] A l'époque dont nous parlons, la nef de l'église Saint-Martin, d'une longueur de 52 pieds sur une largeur de 35, était garnie de bancs et ne pouvait contenir tous les fidèles, dont une partie restait aux portes, dans le cimetière et dans la rue. La paroisse contenait 2.500 communiants. Le chœur manquait de largeur et le clergé avait peine à s'y placer.

Par son testament devant Beauvais, notaire à Saint-Hilaire-des-Landes, du commencement du XVIIe siècle, Philippe du Fougeray, veuve de René Sorreau, sieur des Rouzières, qui avait été archer du prévôt de Mayenne, projeta pour elle des funérailles qui paraîtront luxueuses, si l'on se souvient de l'office assez modeste que remplissait son mari.

Elle se trouvait alors à passer quelques semaines chez sa fille, à la Houllerie, paroisse de Saint-Hilaire-des-Landes.

« Elle (la testatrice) veut et entend, écrivait le notaire, que lorsque sera la volonté de Dieu d'avoir séparé son âme d'avec son corps, — que son corps soit enterré et ensépulturé en la chapelle de la Madeleine du faubourg Saint-Martin de la ville de Mayenne, le plus près possible dudit défunt, son mari, que faire se pourra, et pour la conduite de son dit corps, en cas de sa mort arrivant en ce lieu (la Houllerie), qu'il soit mené de ce dit lieu jusqu'à son logis, proche la Juiverie (au faubourg Saint-Martin de Mayenne), sur un brancard avec deux chevaux pour le porter à son logis. Pendant le chemin de ce dit lieu, veut et entend être assistée de deux prêtres de cette paroisse, revêtus de surplis, chantant les vigilles et vêpres des morts et autres prières, avec la compagnie de ceux qui auront agréable d'assister son dit corps, priant tous Dieu pour le repos de son âme.

« Et, lorsqu'elle sera arrivée audit Mayenne, en son susdit logis, après avoir été descendue en icelui, désire qu'il soit fait un convoi à assister à sa sépulture ; laquelle elle désire qu'elle soit solennellement faite, où assisteront, s'il leur plait, messieurs les curés de Notre-Dame et dudit Saint-Martin, avec leurs vicaires, prêtres et chapelains des dites deux églises, revêtus des chappes, tuniques des confréries où elle a le bonheur d'être inscrite.

« Veut et entend qu'il y ait, à la conduite de son corps et lors de sa sépulture, cinq torches de cire jaune et un cierge, le tout porté par chacun un pauvre, auquel il sera donné à la volonté de l'exécuteur du présent testament ; comme aussi, désiré qu'il soit fourni autres flambleaux, chandelles et luminaire à sa dite sépulture et feux, comme l'on a coutume de faire dans ladite église à personne de bonne qualité, et que, le jour de sa sépulture, soit dit et célébré un service solennel pour le repos de son âme, dans ladite église de Saint-Martin de Mayenne. Et quinze jours après son enterrement fait en ladite église, on fera pareillement faire un service solennel pour elle et ses amis trépassés.

« Outre, veut et entend qu'il soit dit et célébré un service solennel, un mois ou environ après son trépas, en l'église de Saint-Hilaire-des-Landes par monsieur le curé, les prêtres et les chapelains de ladite paroisse, et le pain bénit pour le repos de son âme, à un dimanche où seront tenus tous les enfants de ladite testatrice d'y assister... »

La dame des Rouzières s'étend longuement sur des questions d'intérêt. L'une d'elles laisse entrevoir qu'elle se prêtait à rendre quelques services d'argent, dont les causes ne sont pas mentionnées. « Dit, en outre, ladite testatrice, qu'il lui est dû six vingts livres tournois par défunte madame la Jugesse[1] de Mayenne, dont elle en avait cédule, laquelle elle porta à voir à monsieur Labitte, son mari ; laquelle il retint et la lui a promise payer, ce qu'il n'a fait »[2]. Elle accuse aussi Jean de France de lui avoir pris les armes de son mari. La défunte joignit peut-être à la manie des grandeurs

(1) Renée Ferré, épouse de René Labitte, juge général du duché de Mayenne.

(2) Dans les *Souvenirs du Vieux Mayenne*, page 105, on voit figurer comme débiteurs de la succession de René Pilard, René Labitte et sa femme Renée Ferré.

celle de la persécution. On pourrait le supposer, car la famille Labitte était une des plus honorables de Mayenne.

Dans la nuit du 26 au 27 avril 1710, il y eut grand émoi au monastère. La tourière avertit un soir la prieure qu'on entendait les vagissements d'un enfant. D'où venaient les cris? on chercha : en plaçant une échelle contre le mur de clôture, on s'assura que les plaintes partaient du cimetière adjacent. La nuit était noire ; et fallait-il s'y aventurer ? Les cris étaient-ils réellement ceux d'un enfant? Ne tendait-on pas un piège aux religieuses ? S'il y avait vraiment un petit être vivant jeté dans le cimetière, quelle en était la mère ? La prieure passait tour à tour de la crainte à la pitié, et sa prudence combattait sa charité. Enfin elle se décida à envoyer la tourière en exploration, tandis qu'elle restait en attente, au-déssus du mur de clôture. Peu d'instants après, on lui rapportait, enveloppé de quelques langes, un nouveau-né, qui avait été déposé sur la marche de la croix du cimetière. L'enfant était mourant, et, au jour, on s'empressa de le faire présenter à l'église par une voisine, Héloïse Goupil. Morin, le curé de Saint-Martin, le baptisa sous condition, et il lui fut donné le nom de « Pierre », pour rappeler sans doute le lit de granit sur lequel il avait été trouvé. On ne put rien savoir de son origine. De méchantes langues ne manquèrent pas de tenir à cet égard des propos désobligeants pour le monastère : la vertu et la charité n'ont jamais été à l'abri de la calomnie.

CHAPITRE IV

—

Le roi décide la suppression du couvent de la Madeleine ; supplique des habitants pour le conserver. — Le jansénisme ; opposition de la municipalité a l'érection de la confrérie du Sacré-Cœur de Jésus en l'église de Saint-Martin de Mayenne ; une victime du jansénisme.

Au cours du xviii⁰ siècle, l'opinion publique était généralement défavorable aux ordres religieux et, parmi leurs contempteurs, on ne trouvait pas seulement des laïques, mais encore nombre de membres du clergé séculier. La fortune qu'ils possédaient, et qui ne recevait pas toujours un utile emploi, et quelques scandales ayant trait aux mœurs en faisaient désirer la réforme. Le roi et ses conseillers entrant dans ces vues, avec un esprit parfois manifestement hostile aux abbayes et aux couvents, en supprima quelques-uns. En 1733, le monastère de la Madeleine de Mayenne fut porté, par arrêt du Conseil, sur la liste de ceux qui devaient disparaître. La ville s'émut à cette nouvelle et, sur la proposition de Tanquerel, procureur ducal, une assemblée générale des habitants, du 28 Juillet 1733, convint à l'unanimité d'adresser au roi un placet, dans lequel « sa Majesté « serait priée humblement de conserver le couvent de la « Madeleine et de le laisser subsister, n'ayant jamais « été à la charge de la ville et étant très utile, tant « par rapport aux bons exemples que cette maison

« avait donnés dans tous les temps, que par rapport à ce
« qu'elle servait d'asile aux veuves et aux filles d'un
« certain âge qui, n'ayant aucun parent ou peu de bien
« pour soutenir la dépense d'un ménage, y passaient
« leurs jours tranquillement et avec édification. »

Une supplique, rédigée dans le même sens, fut adressée,
en août 1733, par les administrateurs de l'Hôtel-Dieu,
dit du Saint-Esprit, de Mayenne, au bureau de la commission chargée de l'examen des suppressions.

L'appui que trouvèrent alors les bénédictines de la
part d'hommes signalés pour leur zèle janséniste nous
porte à croire que l'hérésie du pasteur d'Ypres était
entrée au couvent. La résistance que le curé de Saint-
Martin de Mayenne opposa à la nouvelle doctrine et
l'acharnement du curé de Notre-Dame en sa faveur
sont connus. Deux citations nous montreront ces deux
ecclésiastiques dans chacun leur camp.

« On sait, écrit Dom Piolin [1], les cris de fureur
que le jansénisme poussa contre la dévotion au Sacré-
Cœur. Nonobstant ces clameurs, Charles de Froullay,
évêque du Mans, avait autorisé les religieuses de la Visitation de cette ville à célébrer la fête de ce mystère,
avec messe solennelle, exposition du Saint-Sacrement
et salut. A la même époque, Barbeu du Bourg, curé de
Saint-Martin, ayant voulu établir une confrérie du Sacré-Cœur et ayant obtenu un bref de Rome à cet effet,
par l'intermédiaire de Languet, archevêque de Sens [2],

[1] Voir l'*Histoire de l'Eglise du Mans*, par Dom Piolin, VI, p. 462.

[2] C'est de Languet que le janséniste abbé Débonnaire, disait :

> On voit, dans le fatras des écrits qu'il nous donne,
> La constante hauteur de la présomption,
> Cette intrépidité de bonne opinion,
> Cet indolent état de confiance extrême
> Qui le rend, en tout temps, si content de lui-même.

(Voir *Essai du Nouveau Jeu de ma Mère l'Oie ou les enluminures de la Constitution*, par l'abbé Débonnaire, 1722).

vit une partie de la ville de Mayenne se soulever contre lui ».

La municipalité prit en effet la délibération suivante :

Du mercredi, septième jour de Janvier 1733, deux heures de relevé.

« (Nous), René de Bazogers de Grazay, juge général civil et ordinaire au duché-pairie de Mayenne.

« En la convocation du général des habitants de cette ville de Mayenne et faubourg Saint-Martin, en conséquence de notre ordonnance et sur la réquisition et remontrance du procureur ducal et des billets des publications faites, dimanche dernier, au prône et issue des grand'messes paroissiales de cette dite ville et faubourg Saint-Martin, contrôlés au bureau de cette ville ce jourd'hui, signés Pavy, commis, et encore au son du tambour en la manière accoutumée ;

« La dite assemblée convoquée par extraordinaire au sujet de la confrérie du Sacré-Cœur de Jésus, que l'on prétend ériger dans l'église paroissiale de Saint-Martin de cette ville.

« A laquelle assemblée se sont trouvés :

Me Michel Barbeu, sieur de la Couperie, avocat fiscal au duché et maire de cette ville.

Me Pierre Bouessay, lieutenant général civil et criminel, député de la Barre ducale.

Me Jean-René Tanquerel, procureur ducal.

Me Julien de Lalande, échevin.

Me Michel Juguin, sieur des Besneries, échevin du faubourg Saint-Martin.

Me Jean-Louis Lefèvre, receveur des deniers du roi de cette ville.

Me René Liger, avocat au siège de la Barre ducale et procureur du collège de cette ville.

François Trippier, sieur de la Grange, marchand de vins en gros.

Louis Trippier de la Grange, marchand de toiles.

Me Joseph Gourdier, notaire apostolique.

Me Augustin Forêt, notaire royal.

François Guyard, marchand de vins en gros.

Me André Fourmond, commissaire aux saisies-réelles, ancien échevin.

Me Michel de la Cour, ancien échevin.

Jean-Baptiste Crosneau, marchand.

Me Pierre Beaugars, notaire royal.

Guy Pottier, praticien.

Me François Launay, notaire royal.

François Le Breton, sieur de la Baumerie, marchand.

François Jarry, sieur de la Breneudière, bourgeois.

Jacques Laigneau.

Michel Nocher, marchand tanneur, ancien procureur syndic du faubourg Saint-Martin.

Me Mathurin Barbeu, avocat à la Barre ducale, ancien échevin du faubourg Saint-Martin.

Pierre Roche, marchand.

Jean-François Besognard, marchand.

Marin Nocher, le jeune.

Julien Richard, sieur de la Touche, marchand.

« Tous députés et habitants de cette ville et faubourg.

« La matière mise en délibération, tous d'une commune voix ont été d'avis qu'il n'y ait aucune confrérie du Sacré-Cœur de Jésus établie en l'église paroissiale de Saint-Martin de cette ville, et qu'ils s'y opposaient formellement ; et, en outre, sont d'avis que le tableau représentant le Sacré-Cœur de Jésus, servant d'étendard de la confrérie, soit ôté de l'endroit où il est actuellement placé.

« Fait et arrêté, en la grande chambre des assemblées générales, lesdits jour et an que dessus ».

Suivaient les signatures :

Marin Nocher, le jeune, fut pris de scrupules et,

après avoir apposé son nom, écrivit une mention de laquelle il semble ressortir que s'il désapprouvait la confrérie, il ne blâmait pas « la dévotion particulière » au Sacré-Cœur ; qu'à l'égard du tableau, il était d'avis « qu'il restât au pied du Christ », en l'église de Saint-Martin.

Le culte public du Sacré-Cœur de Jésus était encore nouveau. Le premier autel érigé en l'honneur des Sacrés Cœurs de Jésus et de Marie n'existait en France que depuis 1644. Ce ne fut qu'en 1666 que le pape Alexandre VII, « ayant appris que dans l'enclos du cimetière de Saint-Martin, au faubourg de Morlaix, il y avait une pieuse confrérie en l'honneur du Cœur de Jésus et du Cœur de sa mère », l'approuva et lui accorda des indulgences.

Au sujet de la valeur des approbations épiscopales des confréries, l'opinion commune du clergé français, à cette époque, était que chaque évêque, dans son diocèse, avait le même pouvoir que le pape dans toute l'église [1]. A Saint-Martin de Mayenne, on n'avait pas obtenu l'autorisation de l'ordinaire, mais un bref du pape.

Comme la confrérie avait été érigée sans lettres patentes et en vertu d'un bref obtenu par un évêque autre que celui du diocèse, le juge de police y vit un moyen de nullité et s'opposa à l'affiliation et au maintien du tableau dans l'église. Le curé Barbeu du Bourg en appela au Parlement de la décision de ce magistrat et obtint qu'elle fut mise à néant. « Il fut même, dit Dom « Piolin, autorisé à placer dans son église le tableau « du Sacré-Cœur et à chanter un *Te Deum*, chaque « année, en action de grâce de l'arrêt du parlement, tant « cette victoire paraissait importante au prélat et à la « population catholique de Mayenne. Ce « *Te Deum* con-

---

[1] V. *Genèse du culte du Sacré-Cœur de Jésus*, par M. Barutell. Paris, Imp. M.-R. Leroy, 1901.

« tinua d'être chanté, solennellement, tous les ans, jus-
« qu'aux premières années du XIXe siècle... »

On peut encore voir le vieux tableau du Sacré-Cœur dans l'église de Saint-Martin, au-dessus de la porte de la sacristie ; quoique mal éclairé, il est facile de distinguer, à la partie supérieure, un Père éternel tenant dans sa main un globe terrestre ; il domine un groupe de nuages d'où émergent quantité de têtes d'angelots ; au-dessous, une colombe figure le Saint-Esprit et, plus bas, un cœur sanglant est entouré d'une couronne d'épines. Au pied et de chaque côté se prosterne un ange adorateur.

Trente ans après, l'hérésie de Jansénius comptait encore un grand nombre d'adhérents à Mayenne, jetait le trouble dans les familles et divisait quantité de personnes. La conscience de beaucoup de femmes était inquiète ; quelques hommes pieux éprouvaient un sentiment semblable et l'un d'eux, Giffard de la Porte, avocat, en perdit la raison. Le curé de Notre-Dame, Daniel Bouessay, un fanatique de la doctrine de l'évêque d'Ypres, rédigea et fit donner au malade, lorsqu'il fut guéri, le certificat suivant :

« Nous, curé, prêtres et notables habitans de la ville
« de Mayenne certifions à qui il appartiendra d'en
« connaître, que Me Jean-Baptiste-Etienne Giffard de la
« Porte, avocat en parlement, fils aîné de Me Louis-
« Henry Giffard de la Porte[1], procureur du roi au
« Grenier à sel de cette dite ville, et de dame Marie-

[1] Louis-Henry Giffard de la Porte, frère de : 1° Etienne Giffard de Mégaudon, prêtre ; 2° Suzanne Giffard ; 3° P... Giffard, notaire à Laval, eut pour enfants de son mariage avec Marie-Jeanne Le Royer: Jean-Baptiste-Etienne G..., avocat ; Jacques-Etienne G... ; Marie-Henriette G..., épouse de François-Urbain Le Bouvier du Hameau ; Louis-Augustin-René G..., mari de Catherine-Elisabeth-Charlotte Angenoult, qui avait pour fils Louis-Augustin G... de la Fosse.

« Jeanne Le Royer, son épouse, est doué de mœurs
« intactes et plein de probité, de religion, de piété et de
« zèle, et officieux pour tout bien public et particulier ;
« qu'il n'a point été à la charge à la société par aucune
« bassesse ; que s'il est tombé dans quelques écarts d'es-
« prit, ça était seulement le fait de maladie passagère,
« telles que sont des vapeurs, des scrupules mal fondés
« et des peurs dont il est totalement revenu, qui au reste,
« n'ont incommodé que lui, et desquelles étant guéri,
« il s'est comporté avec honneur, sagesse et édifica-
« tion.

« En foi de tout ce que dessus, nous avons signé, pour
« lui servir et valoir ce que de raison, contre toute impu-
« tation contraire.

« Fait à Mayenne, le dix-sept mars mil sept cent
« soixante-deux. »

Nous relevons les signatures de ce certificat, avec les
qualités que les certificateurs jugèrent à propos d'ajouter à leur nom.

Bouessay, curé.
P. Carré, vicaire.
R. Euzanne, vicaire.
R. Liger, prêtre, licencié ès-lois.
François Riou, prêtre.
Bretteau, prêtre.
Michel Mahé[1].
L.-J. de la Trippier de la Grange.
François Hay, prêtre.
J.-F. Chabrun, prêtre, ancien principal du collège.
R. Hay, prêtre, principal du collège.
Jean Fougerolles, prêtre.
Vital, diacre.

[1] Michel Mahé, fils de Michel Mahé et de Jeanne-Gabrielle-Eulalie
Eveillard, frère de Gabriel Mahé qui épousa Renée Houdou.

R. Chabrun de la Carlière, prêtre.

Plessis, prêtre.

François Deschamps, prêtre.

Hercé.

Le Forestier, procureur du roi.

De Saint-Brice.

Fiégirard, lieutenant des maréchaux de France.

De la Blinière.

Rouvrais, capitaine.

Chabrun, négociant, procureur de la fabrique.

Duchemin de Bois-Jouce, ancien échevin.

Le Maistre, docteur en médecine.

M. Lefaucheux, lieutenant de Monsieur le premier chirurgien du roi.

Pottier, commissaire aux saisies réelles.

Esnault, apothicaire.

Lesage, notaire.

Delalande, avocat au parlement.

M. Salles, ancien procureur de l'Hôtel-Dieu.

Boullevraye, docteur-médecin de Montpellier.

Faverné, praticien, proposé du Dixième.

Liger, procureur du roi.

Pierre Morisset, bourgeois.

F. Bezonguard de la Plante, négociant.

Quinton, avocat en la Cour.

Ravet, clerc tonsuré.

R. Le Faucheux, oncle maternel.

Giffard, notaire à Laval, oncle paternel.

Suzanne Giffard, tante paternelle.

L. Le Royer de la Paviotière, procureur de la Répuque, oncle maternel.

Trippier de Laubrière, conseiller du roi, élu, cousin germain maternel.

Guyot, bourgeois et praticien.

Lottin de Jugué, commis des Aides.

Guyard, avocat en la Cour.
Bordelay, chirurgien.
Louis Cheverus, diacre.
Le Marié, négociant.
Vincent Marçais, marchand.
René Taupin, maître d'écriture.
Giffard de la Fosse, frère, établi à Paris.
Jean Roullois, sous-diacre.
Vincent, syndic, notaire et procureur.
Richard du Rocher.
J. Le Royer, tante maternelle.
François Guimond, avocat en la Cour.
Charpentier, receveur des Aydes.
La Porte du Hameau, sœur unique.
Du Hameau, bourgeois et échevin, beau-frère.
Anne-Ambroise Le Royer, tante maternelle.
Jean Le Méant, cousin remué de germain [1].
Legoué.
Leudière, clerc praticien.
Girault, praticien.
Château, commis aux finances du bureau du direc-teur des Aydes de Mayenne.
Vincent Loisiller.
Dubray.
Duvivier Cocherie, négociant, changeur du roi.
B. Mesnage, maître chirurgien.
M..., contrôleur des Aydes.
Jean Marseul, cousin maternel.
Marie Morin, cousine maternelle.
Duvivier, l'aîné.
Balaguier, ancien syndic.
Leclair, notaire.

(1) Jean Le Méant, marchand, eut de son mariage avec Anne Lefaucheux, un fils, Jean-René Le Méant, marchand tanneur. Celui-ci épousa, en premier mariage, Michelle Foucher et, en deuxièmes noces, Adélaïde Ripault,

G. Tonniot-Monrou.

Lecotier, bourgeois.

Trippier de la Grange, bourgeois.

Nicolas Trippier de la Grange.

René Guesdon, de la Vallerie.

Godard-Beauchesne, oncle maternel.

Chauvineau, procureur.

Lesage, marchand.

F. Le Bourdais, marchand.

J.-B. Cordelay, marchand.

J.-E. Giffard de la Porte, licencié en droit, frère.

Benoist, directeur des Aydes.

Morin de la Rue, docteur en médecine.

Le certificat fut contrôlé à Mayenne et portait cette mention : « Contrôlé à Mayenne, le 16 avril 1762, reçu douze sols six deniers. *Signé :* Sohier. »

CHAPITRE V

—

TENTATIVES RÉITÉRÉES ET INFRUCTUEUSES FAITES PAR
LES RELIGIEUSES ET LES HABITANTS POUR LA CONSER-
VATION DU COUVENT DE LA MADELEINE. — DISTRACTION
DE PARTIE DE SES BIENS EN FAVEUR DES DOMINICAINES
DU MANS, DITES DES MAILLETS. — DERNIER VESTIGE
DU MONASTÈRE ; LA CLOCHE DE SA CHAPELLE.

Revenons à la Madeleine.

Les pétitions de l'Hôtel de Ville et de l'Hôtel-Dieu,
pour la conservation du couvent, étaient demeurées sans
réponse. Comprenant le danger qu'elles couraient, les
bénédictines prirent une décision qui leur parut de nature à justifier leur utilité au point de vue humain.

Nous donnons le procès-verbal de leur délibération :

« Les prieure, titulaires religieuses et communauté
« du monastère de l'Assomption en la maison de la
« Magdeleine, à Mayenne, ordre de Saint-Benoist,
« assemblées capitulairement au son de la cloche,

« Estant instruites des mouvements que messieurs les
« officiers de justice et du corps de ville dudit Mayenne
« ont fait pour obtenir la révoquation de la deffence,
« faite par les ordres du Roy de recevoir des novices en
« ce monastère, et la conservation dudict monastère, en
« certiffiant la nécessité qu'il y a pour la ville qu'il soit
« conservé pour servir d'azille, comme il a fait jusques
« à présent, aux personnes séculières qui ont besoing
« de se retirer du monde et aux jeunes filles qu'il est
« nécessaire d'instruire et d'édiffier non-seulement pour

« la religion, mais pour le travail, — ont résolu, pour mar-
« quer de plus en plus le dévouement dans lequel elles
« sont au service du publicq, non-seullement de conti-
« nuer à instruire les pensionnaires qui leur sont don-
« nées, mais encore de s'obliger ainsy qu'elles font, par
« le présent acte, de tenir des écoles gratuites pour ins-
« truire charitablement les jeunes filles de ladicte ville
« et d'affecter à cette observance les employs qui seront
« faits des fonds des dottations qu'elles recevront. Elles
« espèrent mériter par ces services, qu'elles s'obligent
« pour elles et celles qui leur succéderont, par le pré-
« sent acte, de rendre au publicq, la révocquation de la
« deffence de recevoir des novices, la conservation de
« leur monastère et la continuation du zèle de la ville
« de Mayenne à laquelle le présent acte sera communi-
« qué pour estre accepté par Messieurs les magistrats et
« officiers de la ville, comme un engagement à l'exécu-
« tion duquel lesdictes prieure et religieuses et celles
« qui leur succéderont satisferont, en pratiquant d'une
« manière convenable à la discipline présente de l'Eglise,
« par rapport aux enfants qui leur seront confiées, le
« soing des enfants dont il est parlé, quoyque dans
« d'autres vues aux chapistres 30, 37 et 59 de la règle de
« Saint Benoist, en effectuant par ce moyen le contenu
« en la déclaration du feu Roy, du 13 décembre 1698, en
« ce qui concernait les instructions qu'elle prescrit de
« donner dans les écolles pour l'avancement de la jeu-
« nesse, en se soumettant au surplus à l'exacte obser-
« vance des loys du royaume et spécialement en ce qui
« est porté par la déclaration du 28 avril 1693 pour les
« réceptions et dottes des religieuses, mesme, s'il est jugé
« à propos, acceptant de ne recevoir à profession qu'à
« l'adge de vingt ans.

« Fait à notre monastère des bénédictines de l'As-
« somption de Mayenne, le 8 mars 1734.

Signatures : Sœur de Quellon ; sœur Sainte-Anne ; sœur Catherine Martineau ; sœur Saint-Marc ; sœur Guérin, ; sœur Sainte-Thérèse ; sœur Saint-Placide ; sœur Sainte-Magdeleine Goddeau ; sœur Saint-Louis Ronné ; sœur Saint-Raphaël.

Les engagements que contractaient les religieuses furent acceptés par les habitants de Mayenne, qui en prirent acte le dix du même mois et profitèrent de la circonstance pour renouveler leurs instances afin de conserver le couvent.

Ces « humbles remontrances » des habitants de Mayenne devaient être inutiles, aussi bien que les premières. Elles furent signées par :

Michel Barbeu de la Couperie, maire.

Daniel Bouessay, curé de Notre-Dame.

Pierre Bouessay, lieutenant-général de la Barre ducale.

André de la Roque, écuyer, conseiller à la Barre ducale.

Jean-René Tanquerel, procureur ducal.

Michel Juguin des Besneries, échevin.

Louis-Henri Giffard de la Porte, échevin.

René Deschamps, avocat, échevin.

Urbain Tripier, échevin.

François Esnault, procureur syndic.

Julien Esnault, prêtre.

François Fourneau, prêtre, vicaire à Saint-Martin de Mayenne.

François Lambleux, prêtre.

Pierre Richard, prêtre.

François Gasté, avocat.

François Barbeu du Boullay, avocat.

René Coullon, prêtre, vicaire de Notre-Dame.

François Lambleux, procureur de l'Election.

Michel de la Cour, ancien échevin.

René de la Cour, marchand.

Julien Richard Latouche, marchand.

Pierre Letourneux, bourgeois.

Pierre Lambleux, avocat.

François-René de Levaré, procureur.

René Chalopin, marchand.

De Bazogers, juge général civil à la Barre ducale.

Balesguier.

Roche.

Gasté.

Launay, notaire royal.

Cheminant.

P. Bourdon.

René Morice.

Cherbonnier.

Guimond, greffier.

En exécution d'un arrêt du Conseil du 12 avril 1743, il fut nommé un économe pour la perception des revenus du prieuré « de l'Assomption de la Madeleine », et, en sa présence, des commissaires désignés procédèrent à l'inventaire des titres, papiers, effets, meubles et revenus du couvent. Des domestiques prirent soin des bâtiments et cultivèrent les jardins de l'enclos sous la surveillance de cet économe. C'était une conséquence des défenses faites par le roi de recevoir des novices dans la maison.

Ces mesures affligèrent les habitants, dont le persévérant attachement au monastère fut remarquable.

Le 10 décembre 1748, ils représentèrent « très hum-« blement à sa Majesté et aux seigneurs du Conseil qu'il « y avait une véritable nécessité d'avoir à Mayenne, ville « considérable par le nombre et la qualité de ses habi-« tants et par le vide de son voisinage, une communauté « religieuse où l'on pût faire élever les jeunes filles, que

« bien loin que cette communauté eût jamais été à
« charge, on l'avait toujours considérée comme avanta-
« geuse et bien utile au public ». Finalement, ils sup-
pliaient qu'on leur laissât le prieuré de la Madeleine,
qu'à défaut on en réunît un autre à celui de Mayenne ou
encore qu'on y mît des religieuses d'un ordre différent.

« En 1761, il n'y avait plus au couvent qu'une reli-
« gieuse et une sœur converse, dont l'âge et les infirmités
« annonçaient une fin prochaine. »

Plusieurs Edits étaient venus défendre aux gens
de main-morte toute acquisition dans l'étendue du
royaume, reculer le terme pour l'émission des vœux,
que l'Eglise avait fixée à seize ans et que l'Etat ne
voulait plus admettre qu'à vingt-et-un. « Une commission plus que suspecte, dit Dom Piolin, fut nommée
pour les affaires des réguliers (23 mai et 31 juillet 1766).
Cette assemblée, composée de cinq prélats et de cinq conseillers d'Etat, était connue par son hostilité aux ordres
religieux. On ne vit pas sans étonnement que toutes les
opérations de cette commission étaient pour la destruction et non pour la réforme des monastères. L'ordre de
Grammont fut le premier supprimé. Quoique étranger
à la commission, Louis de Grimaldi, évêque du Mans, ou
plutôt quelques-uns de ses vicaires généraux étaient
dans les mêmes principes, aussi vit-on quelques extinc-
tions de maisons religieuses dans le Maine » [1].

La ville de Mayenne ne désespérait cependant pas
de voir son couvent maintenu. Une assemblée générale des habitants, du 9 Avril 1766, « décida à l'una-
« nimité de travailler à son rétablissement, invita les
« officiers municipaux à faire toutes les démarches con-
« venables auprès de Monseigneur l'Evêque du Mans,
« pour le rétablissement de cette maison et choisit, pour

[1] Voir l'*Histoire de l'Eglise du Mans*, par Dom Piolin, VI, page 513.

« se rendre près de lui, M. le Curé de Saint-Martin et M.
« de la Blinière ».

Le 24 du même mois, les maire, échevins, conseillers
de ville et notables délibérèrent encore à ce sujet et
décidèrent « de supplier sa Majesté de lever la défense,
« faite à la Communauté des bénédictines, de recevoir
« des novices et d'accorder le rétablissement de leur
« maison ».

Toutes ces nouvelles tentatives furent vaines.

Ne pouvant obtenir la conservation du couvent, la
municipalité tenta d'en garder au moins les biens. Par
délibération du 10 juin 1771, l'assemblée générale des
habitants députa à l'évêque les avocats Gautier et
Sougé « pour le supplier très humblement de se prêter
« à accorder à la ville les biens des Bénédictines et de
« consentir à ce qu'ils soient employés à l'établissement
« d'un hôpital général, à l'augmentation des revenus de
« l'Hôtel-Dieu ou à celui du Collège et des sœurs
« d'école. »

Cette demande ne fut pas mieux écoutée que les autres
par l'évêché, qui attribua, le 1er octobre 1775, partie des
revenus du couvent de la Madeleine à celui des Dominicaines du Mans, dites des Maillets. Ces religieuses
avaient sollicité l'affectation du produit des biens, ayant
appartenu à leurs consœurs, par une requête à l'évêque,
« qui tendait à l'extinction et suppression du monas-
« tère et prieuré de la Madeleine et à l'union des biens
« qui en dépendaient à la communauté des Maillets ».
Toutefois la ville de Mayenne finit par obtenir, en 1782,
la délivrance de lettres patentes du roi, qui lui accor-
daient la chapelle, les bâtiments et jardins de la Madeleine, ainsi que le champ de foire de ce nom. Cette distraction eut lieu en faveur d'un hôpital général, qui,
comme on le verra plus loin, remplaça le monastère.

A l'œuvre de Marie-Madeleine allait succéder l'œuvre de sa sœur Marthe.

Dans un fragment de manuscrit on lit : « La maison et les revenus de cette communauté de la Madeleine furent abandonnés à d'autres religieuses du Mans, qui y moururent. » Cette note peut avoir une certaine valeur. En attendant le décès des dernières religieuses de l'Assomption, l'évêque du Mans put envoyer à Mayenne quelques membres d'un autre couvent, afin de maintenir, jusqu'à la fin, la régularité de celui de la Madeleine, mais il n'est pas supposable que celles-ci y décédèrent toutes.

Il semble que les religieuses des Maillets, auxquelles un arrêt du conseil défendait aussi, en 1732, de recevoir des novices parcequ'elles n'avaient pas un revenu suffisant pour vivre, purent obtenir leur maintien, grâce en partie à l'accroissement de leurs rentes, par suite notamment de l'annexion de celles des biens de la Madeleine. Elles subsistèrent jusqu'à la Révolution. L'élégance de leur costume les faisait appeler « les coquettes Maillettes. »

De l'ancien couvent des bénédictines sur lequel nous venons de donner quelques notes, il reste peu de souvenirs matériels, le pan du mur de clôture, le long du chemin de Mayenne à Saint-Ouis, dont on a parlé, et la cloche de leur chapelle. Celle-ci fut transportée, en 1857 ou 1858, dans le clocher de la chapelle actuelle de l'Hôpital, rue Roullois, où elle est encore utilisée pour annoncer les offices religieux.

Cette cloche porte l'inscription suivante :

« L'an 1721, fondue, Madame M. Ratino pour lors P.
« de cette maison. — J'ai été nommée Vincente par
« Madame la comtesse de la Feuillée et M. le conte de
« la Feuillée, son fils. — Colin *me fecit* ».

La comtesse de la Feuillée, Anne-Renée Viel, fille de Jean Viel, seigneur de Torbechet, juge civil et criminel à la Barre ducale de Mayenne, maire perpétuel de cette ville, et de Vincente de l'Espronnière, sœur de Marguerite-Vincente Viel, eut trois enfants de son mariage avec Charles-Gilles des Nos, comte de la Feuillée : 1° Jean-Baptiste des Nos, comte de la Feuillée, époux de Marie-Marguerite de Cordouan ; 2° Vincente des Nos, mariée à Alexis Le Mayre, marquis de Courtemanche ; 3° Charlotte-Suzanne des Nos, épouse de René-Joseph de Boisgelin. La cloche des bénédictines portait, ainsi qu'on le voit, le nom de la mère, de la fille et de la sœur de la marraine.

On remarquera que, dans le nombre des supérieures qui ont été citées au chapitre III, ne se trouve pas la prieure M. Ratino. Nous n'avons vu son nom que sur la cloche dont fut marraine la dame de la Feuillée. Nous sommes porté à penser que le fondeur de cette cloche a défiguré ainsi le nom d'Anne-Françoise Martineau, prieure qui était précisément en exercice en 1721.

DEUXIÈME PARTIE

—

L'HOPITAL GÉNÉRAL DE MAYENNE

CHAPITRE VI

—

Projet de fondation d'un hopital général a Mayenne ; donation de la C^{té} du Pressoir par Ricœur du Basmont. — Lettres patentes de création ; la ville renonce a leur enregistrement. — Offre faite du prieuré de Berne pour l'établissement de l'hopital ; reprise d'un nouveau projet ; les fabricants le font écarter.

Avant de raconter comment l'Hôpital général de Mayenne fut installé dans les bâtiments de l'ancien couvent de la Madeleine, il est utile de connaître les difficultés qui précédèrent sa création et l'hostilité inattendue qu'y firent un certain nombre d'habitants.

L'initiative de la fondation semble avoir été prise par Armand-Charles de la Porte, duc de Mayenne, neveu par alliance du cardinal. Il avait coutume d'assister aux réunions du Bureau de charité, lorsqu'il était à Mayenne, et y exprima, le 22 avril 1677, le désir de voir établi dans la ville un hôpital général « pour renfermer les pauvres « mendiants et leur administrer, par charité, toutes les « choses nécessaires, tant au spirituel qu'au temporel « et arrêter les abus que de coutume produisaient l'oisi- « veté et le libertinage ». Il offrait de donner dans ce but « la grande cour de son château de Mayenne, close « de murailles, une somme de 3.000^{tt} pour aider à cons- « truire les bâtiments et une rente annuelle de 300^{tt} ».

L'hôpital général du Mans avait été créé par lettres

patentes du roi du mois de septembre 1658, il en existait un également à Laval. On décida qu'il convenait de prendre préalablement des renseignements dans ces hôpitaux pour aviser aux moyens de doter Mayenne d'un établissement semblable.

Il survint dans la réalisation de ce projet des difficultés, qui ne permirent pas d'en suivre l'exécution, et la mort du duc de Mazarin, arrivée en 1713, fit perdre tout espoir de profiter de la donation qu'il avait offerte.

En 1715, la municipalité, croyant que la charité publique suffirait pour mener à bien cette entreprise, proposa, dans son assemblée du 13 août, la création d'un hôpital général « pour y renfermer, y est-il dit, les mendiants, « valétudinaires et toutes les pauvres personnes qui ont « envie de gagner leur vie, ce qu'ils ne peuvent faire « faute de trouver de l'emploi. »

Ce projet stimula la charité de quelques habitants, entr'autres celle de Ricœur du Basmont, qui proposa de donner sa cour du Pressoir, se composant de plusieurs maisons et de jardins, situés ville de Mayenne, et une maison près du parvis de l'église de Notre-Dame.

Cette offre fut acceptée avec reconnaissance. Nous lisons ce qui suit, dans une délibération de l'Hôtel-de-Ville du 14 décembre 1717 :

« Il a été représenté à l'assemblée que le meilleur « moyen d'attirer sur elle la bénédiction de Dieu était « de signaler le nouveau rétablissement de la maison « de Ville [1], par une œuvre de charité à laquelle la « piété de Ricœur du Basmont donnait occasion, par le « don de ses maisons et jardins du Pressoir à dessein de

---

[1] Les offices héréditaires des hôtels de ville venaient, en effet, d'être supprimés par l'édit de juin 1717.

« contribuer à l'établissement d'un hôpital général.
« Nous connaissons tous l'utilité ou, pour mieux dire,
« la nécessité d'un tel établissement, qui retirera de des-
« sus les pavés une multitude de pauvres enfants qui,
« faute de moyens, languissent dans la misère ou vivent
« dans la fainéantise et l'ignorance, et dans un liberti-
« nage qui les entraine le plus souvent dans les plus
« grands crimes, au lieu qu'un hôpital général serait
« pour eux une heureuse retraite, qui les mettrait à cou-
« vert des afflictions de la pauvreté, où ils apprendraient
« à servir Dieu. On tirerait encore un double avantage
« des ouvrages auxquels on les occuperait, car d'un
« côté ils apprendraient à gagner leur vie et de l'autre
« la ville se peuplerait insensiblement d'ouvriers habiles,
« qui feraient fleurir les manufactures. Nous devons
« ajouter que beaucoup de personnes charitables, dont
« la modestie ne nous permet pas de dire le nom, étaient
« dans le dessein de faire des donations considérables,
« tant en blé et argent qu'en rentes et fonds de terres,
« qui, au moyen des ressources que nous avons d'ailleurs,
« composeraient un revenu suffisant pour la subsistance
« des pauvres de cette ville, mais que le retardement
« porterait un grand préjudice et peut-être ruinerait en-
« tièrement une si sainte entreprise.

« Sur ces considérations et après avoir fait donner
« publiquement lecture par le greffier de la donation
« faite par ledit sieur Ricœur, l'assemblée, d'une com-
« mune voix, a accepté avec joie, au nom des habitants,
« ladite donation pour un hôpital général et a donné et
« donne, par ces présentes, pouvoir et procuration spé-
« ciale à Mᵉ François Gasté, procureur syndic, de faire
« l'acceptation de la dite donation et de faire toutes et
« telles diligences et procédures qui seront nécessaires
« pour obtenir de Sa Majesté des lettres patentes, pour
« l'érection d'un hôpital général, à quelle fin, il prendra

« entre les mains du receveur des deniers communs
« l'argent nécessaire pour l'obtention et enregistrement
« des dites lettres, et dont ledit receveur demeurera bien
« et valablement déchargé sur la représentation des
« quittances dudit sieur procureur syndic,

« Priant très humblement Monseigneur de nous ac-
« corder sa protection dans ce pieux dessein, de facili-
« ter, par son crédit, l'obtention des dites lettres paten-
« tes et de contribuer à l'établissement, en faisant remise
« du droit d'indemnité, qui lui serait dû à cause des
« fonds donnés, et telles autres libéralités qu'il lui plaira
« faire.

« A l'effet de quoi, ladite donation a été présentement
« mise entre les mains du greffier de ville pour, par le
« dit sieur procureur syndic, en prendre communication
« et s'en servir pour l'obtention des dites lettres paten-
« tes ; et le dit sieur procureur syndic prendra les avis
« de Monsieur le juge et de Monsieur le procureur ducal
« dans la conduite de cette affaire. »

Cette délibération, que rédigea Guimond, greffier de
l'hôtel de ville, fut signée par :

François Gasté, procureur syndic de l'Hôtel commun.

Louis-René de Mondière, curé de Notre-Dame.

Jacques Morin, curé de Saint-Martin.

René Tanquerel, procureur ducal.

René des Aulnois, juge royal de Bourgnouvel, député
de son corps.

André Fourmond, commissaire aux saisies réelles.

Jean Chauvineau, procureur en l'Election (sic).

César Quinton, praticien.

Thomas du Vivier de Lozé, marchand, député du
quartier du haut de la ville.

Michel-François Garnier, sieur de Narbonne, avocat
à la Barre ducale.

Claude Thoumin, sieur de Perroux, bourgeois, député du quartier Notre-Dame.

René Gournay, avocat à la Barre ducale.

Noël Berdin, notaire.

Le Maignen, notaire.

René Liger, apothicaire, député du quartier du Château.

François Gestière, avocat.

François Thierry, sieur du Mur, procureur en l'Election *(sic)*.

René Jarry des Loges, marchand, député du faubourg Saint-Martin.

Et plusieurs autres habitants de la ville et du faubourg.

La ville obtint, deux ans après, en septembre 1719, des lettres patentes de création d'un hôpital général, grâce aux démarches et à l'influence de Jacques-Athanase de Gouy, alors prieur commendataire de Berne [1], qui était l'ami de plusieurs des officiers de Mayenne. Il ne restait qu'à obtenir son enregistrement. Le parlement, avant d'y procéder, ordonna une enquête *de commodo et incommodo*, qui fut conduite par le lieutenant-général du Mans. Un état des fonds nécessaires à la subsistance des pauvres qui seraient reçus à l'hôpital était demandé, ainsi que l'avis favorable des habitants, les approbations de l'évêque du Mans, du duc de Mayenne, des administrateurs de l'Hôtel-Dieu, dit du Saint-Esprit, du juge civil et du procureur ducal.

L'information réussit à souhait. L'assemblée des habitants n'avait plus qu'à donner son consentement, et celui-ci ne semblait pas pouvoir être refusé ; cependant il ne fut pas accordé. S'abandonnant à des craintes exa-

____

[1] Berne, prieuré situé près de la ville de Mayenne.

gérées et aux suggestions des tisserands et marchands
de la ville, l'assemblée se prononça contre le nouvel
établissement et en donna les motifs suivants, dans sa
réunion du 6 juin 1724.

« Un hôpital général à Mayenne serait plus onéreux
« que profitable, d'autant que la ville est très petite,
« qu'il y a peu de commerce et que le nombre des habi-
« tants est suffisant pour l'entretien de chacun dans son
« art, vacation et profession.

« S'il y avait une manufacture générale à l'hôpital,
« cela ôterait le moyen aux artisans de subsister et de
« payer les impositions ordinaires.

« Le fonds qui a été donné par Ricœur du Basmont,
« estimé d'un revenu de 350^{lt}, consiste en maisons qui ne
« valent pas, de produit certain, plus de 150^{lt} par an,
« déduction faite des réparations. Ces maisons ont besoin
« d'une réfection presque totale et ne sont occupées que
« par des mendiants, auxquels le Bureau de charité fait
« l'aumône.

« Il n'y a pas de fonds pour faire construire cet
« hôpital.

« Il n'y a pas de place au Pressoir pour mettre cet
« établissement, qui se trouverait au centre de la ville,
« en très mauvais air, resserré entre trois rues, éloigné
« de la rivière, et où il arriverait des maladies populaires
« et contagieuses.

« Il est porté, dans les lettres patentes, que les malades
« de l'Hôpital général seraient transférés à l'Hôtel-Dieu,
« jusqu'à parfaite guérison. Cette maison se trouvant
« privée de plus de moitié de son revenu ordinaire, par
« la suppression de ses fonds, incendie et banqueroute,
« on a été obligé de retrancher depuis ce temps dix lits,
« et il serait hors d'état de supporter les nouvelles char-
« ges d'un Hôpital général. »

Cette délibération avait été prise à l'unanimité par :

Le Goué, maire.

Pierre Bouessay, lieutenant-général civil et criminel du duché, échevin.

Jacques Morin, curé de Saint-Martin de Mayenne.

Michel Juguin des Besneries, conseiller assesseur à la Barre ducale, député de sa compagnie.

René Martin, sieur du Hautmont, élu en l'Election et député de sa compagnie.

Jean-Baptiste Lemoine de Juigny, grenetier au Grenier à sel, député de sa compagnie.

Robert-François Tanquerel, procureur du roi à l'Hôtel de ville et Communauté de Mayenne.

René Deschamps, avocat.

Pierre Lambleux, avocat.

Urbain Tripier, sieur des Rochers, bourgeois.

Urbain Lemaignen, notaire.

Pierre Lepourriel, notaire royal.

Noël Berdin, notaire.

René Chalopin, marchand de toiles.

Mathieu Chevrie, marchand.

François Dupont, marchand.

Jean Barbot, marchand tanneur.

Jean Bezognard, sieur de la Plante, maître apothicaire.

François Hay, notaire.

Michel Lambleux, avocat.

Pierre Gouger, sieur des Ormeaux, maître apothicaire.

Thomas Morice, sieur de la Rue, marchand.

François Guyard, le jeune, marchand de vins en gros.

« Tous députés des quartiers de la ville et du faubourg « Saint-Martin de Mayenne ».

Certaines considérations alléguées par les membres de l'Hôtel de ville pouvaient avoir quelque valeur, mais la plupart dénotent une étroitesse de vue qui était trop commune alors. Les moines et les religieuses avaient une autre confiance dans l'avenir lorsqu'ils fondaient

des couvents, et il était rare que leurs espérances fussent
déçues et que la charité publique leur manquât. Au fond,
les tisserands de Mayenne craignaient déraisonnable-
ment la concurrence des ouvriers de l'Hôpital, et ils
désiraient se réserver du travail.

La même année, Jean-Athanase de Gouy, le prieur
de Berne, dans la pensée d'aider à la fondation
de l'hôpital et d'aplanir partie des obstacles que les
habitants y mettaient, offrit de se dessaisir, en faveur
de la ville de Mayenne, de son prieuré, pour qu'on pût
y placer le nouvel établissement, et d'abandonner le
revenu qui en dépendait : il était alors d'environ
2.000#. Les bâtiments de Berne se trouvaient en assez
mauvais état ; toutefois, avec quelques réparations, on
pouvait facilement y placer le nouvel hôpital, sans
beaucoup de frais.

Par ailleurs, les nouveaux octrois de la ville
venaient d'augmenter de 2.750#. Il lui était possible
d'en disposer pour un temps, et ce revenu, joint à celui
de Berne et aux loyers de la cité du Pressoir, composait
une somme d'environ 5.000#, qui était largement suffisante pour assurer annuellement l'entretien de l'hôpital,
à ses débuts.

La municipalité n'hésita pas et s'empressa de poursuivre la réalisation de ce projet. Elle demanda au
Contrôleur général d'appliquer à un hôpital les nouveaux
droits d'octroi et pria officiellement l'abbé de Gouy « de
« daigner, par esprit de charité et de piété pour les pauvres
« de Mayenne, se démettre, en faveur de l'hôpital général,
« de son prieuré de Berne et de faire les frais de l'enregis-
« trement, tant des lettres patentes que de la donation du
« prieuré. » On était assuré, à l'avance, de sa réponse
favorable. Mais des cabales se formèrent pour empêcher
le nouveau projet de réussir et, dans une assemblée

générale du 20 mars 1725, les habitants le rejetèrent pure-
ment et simplement, sans en fournir aucun motif.

Il était clair que les fabricants de la ville ne voulaient
envisager que leur intérêt personnel et repousseraient
toute fondation d'hôpital, dans la crainte d'en éprouver
quelque préjudice.

Il n'en resta que le souvenir de la générosité du prieur
de Berne, qui avait donné un bel exemple de charité ; il
était rare de la part d'un commendataire. Lui, il avait
conscience que les revenus du patrimoine de l'église ne
devaient pas être dépensés en luxe personnel et en va-
nités, mais employés, pour la majeure partie, en aumônes et en œuvres de piété. De Gouy habitait à Paris,
à la Doctrine-Chrétienne.

Tout espoir d'obtenir l'ouverture d'un Hôpital général
demeurait perdu. Il était nécessaire d'attendre une
génération d'esprit plus large et plus généreux, afin de
négocier à nouveau cette entreprise, si importante pour
le soulagement des pauvres.

Les meneurs, hostiles à la création de l'hôpital, avaient
peut-être été soutenus par quelques jansénistes dont on
sentait, un peu partout, l'influence à cette époque.

Une lettre que du Basmont écrivait, le 1er octobre 1739,
à de Bazogers de Grazay, son cousin, le laisse entrevoir. Il lui dit de s'adresser secrètement à Pierre Collin,
confesseur des religieuses du Calvaire, qui était détesté
des jansénistes, afin d'avoir des renseignements sur sa
donation à l'Hôpital. Tant de mystère à propos d'une
affaire d'intérêt, très connue du public et où rien n'était,
ce semble, à cacher, ne s'explique guère autrement :

« Mon cher cousin... Voyant ne pouvoir réussir à
« l'égard de l'établissement d'un hôpital général, pour le
« commencement duquel je donnais mes maisons et
« jardins du Pressoir et une petite maison ou chambre

« et boutique joignant le parvis, et comme le bien était
« destiné à la Charité, j'en donnai seulement la jouissance
« à l'Hôtel-Dieu de Mayenne, en attendant ledit établisse-
« ment. Cela s'est passé devant Mᵉ Houet, notaire. Vous
« aurez la bonté, s'il vous plaît, de vous adresser à lui et
« secrètement à Mᵉ Collin de la Houllerie, qui a eu la
« bonté de m'aider de ses charitables lumières dans
« cette affaire.

« J'ai l'honneur d'être...

« DU BASMONT ».

En présence des difficultés qu'il rencontrait pour
faire accepter ses immeubles, par contrat ferme, pour
un hôpital général, Ricœur du Basmont en avait effecti-
vement consenti donation à l'Hôtel-Dieu, dit du Saint-
Esprit, suivant acte passé devant Houet, notaire royal
à Mayenne, le 5 mars 1725. Les biens devaient faire
retour à l'hôpital, lorsqu'il serait fondé ; ils comprenaient : 1° dix-sept petites maisons et portions de jardins, situées au Pressoir, ville de Mayenne, et une
petite maison près le Parvis de l'église Notre-Dame.
Celle-ci fut baillée à rente à François Gasté de la Blo-
tière.

L'opposition des habitants de Mayenne à l'établissement d'un hôpital fut très nuisible aux pauvres, et l'on
peut penser que le legs important, dont il va être question,
eût été plus avantageux pour eux si la fondation en avait
été faite en 1724.

CHAPITRE VII

—

Legs important fait par Ambroise-Antoine Gestière, dit La Valette, en faveur d'un hopital général destiné aux pauvres de la paroisse de Saint-Martin de Mayenne. — Difficultés pour recueillir ce legs. — La famille Gestière.

Ambroise-Antoine Gestière, dit La Valette, né à Saint-Martin de Mayenne, était allé chercher fortune aux Antilles et avait réussi à fonder à Saint-Domingue (Haïti) plusieurs établissements prospères. Il y mourut à la fin de l'année 1741, dans l'une de ses propriétés, paroisse de Saint-Gérôme de la Petite-Rivière, dans les Hauts du quartier de l'Artibonite, au lieu de la Source-à-la-Baleine.

Le bruit ne tarda pas à se répandre qu'il avait fait un legs éventuel très important, pour la fondation d'un hôpital à Mayenne et en faveur de prêtres de sa paroisse natale. Son testament reçu par Bonicel, notaire à Saint-Marc (île de Saint-Domingue), le 10 septembre 1741, fut bientôt connu et vint confirmer cette heureuse nouvelle.

Les dispositions de ce testament sont intéressantes, non-seulement par les legs qui regardent Mayenne, mais aussi parce qu'ils nous font entrevoir la triste situation à laquelle les nègres étaient réduits. En voici le texte :

« Par devant le notaire au siège royal de Saint-Marc, en l'île de Saint-Domingue, résidant au quartier de l'Artibonite, soussigné, et en présence des témoins ci-après nommés ;

« Fut présent :

« Le sieur Ambroise-Antoine Gestière, dit La Valette, habitant les Hauts du quartier de l'Artibonite, au lieu appelé vulgairement la Source-à-la-Baleine, paroisse de Saint-Gérôme de la Petite-Rivière, fils légitime de feu M° Antoine Gestière, vivant avocat en la cour de parlement de Paris et syndic doyen des avocats au siège de de la Barre ducale du duché-pairie de Mayenne, ancien échevin de ladite ville, et de demoiselle Anne Lelouable, ses père et mère, natif du faubourg Saint-Martin de ladite ville de Mayenne, évêché du Mans, du vingt-quatrième jour d'avril mil six cent quatre-vingt-dix.

« Lequel, étant au lit, malade dans une des chambres de son habitation principale, où il fait sa résidence ordinaire, toutefois sain d'esprit, mémoire, jugement et entendement, ainsi qu'il est apparu à nous notaire et aux dits témoins, incertain du moment de sa mort et ne voulant en être prévenu, sans avoir mis ordre à ses affaires temporelles et disposé du bien qu'il a plu à Dieu lui donner, a fait, dicté et nommé son présent testament et intention de dernière volonté, en cette manière et ainsi qu'il ensuit, à nous notaire, en présence desdits témoins comparants.

« *Premièrement.* — Comme bon chrétien, catholique, apostolique et romain, recommande son âme à Dieu, le Père tout-puissant, le suppliant par sa divine bonté de lui faire miséricorde et de le placer au rang des bienheureux.

« Veut et entend, ledit testateur, ses dettes être payées et torts, si aucuns y a, réparés par son exécuteur ci-après nommé.

« Entend, ledit testateur, que, dès le moment de la division de son âme d'avec son corps, que son corps soit porté sur l'habitation des Lianes, pour être enterré dans le cimetière dudit lieu, consacré aux pauvres, qu'il y soit porté deux livres de bougies et que, pour les honoraires du R. P. Rome, curé de la paroisse de Vérettes, et les prières qu'il dira pour le repos de son âme, qu'il lui soit délivré une somme de six cents livres, une fois payée; et, au cas qu'il juge à propos de faire un service à son intention, il lui sera donné pareille somme de six cents livres, aussi une fois payée.

« Ratifie, ledit testateur, la liberté par lui ci-devant donnée, sur le registre des baptêmes de ladite paroisse de Vérettes, au nommé Ambroise, surnommé Bineau, fils, mulâtre de la nommée Jeanneton, négresse créole, esclave d'icelui testateur; lequel supplie très humblement Mrs le Général et Intendant de cette colonie de vouloir agréer, confirmer et ratifier ladite liberté, pour qu'il en jouisse désormais sans trouble, comme les autres affranchis du royaume. Et, pour la bonne amitié qu'il a conçue pour ledit mulâtre, ledit testateur veut qu'il soit envoyé en ...... pour y apprendre un métier; et pour y subvenir, lui donne et lègue une pension de cinq cents livres, argent de France, jusqu'à l'âge de vingt-cinq ans, auquel temps lui sera donné un cheval sellé et bridé, une paire de pistolets garnis de cuivre, un fusil et deux têtes de nègres; moyennant quoi, ladite rente de cinq cents livres cessera.

« Donne également la liberté à son valet Pierrot, créole, pour les bons et agréables services qu'il lui a rendus et qu'il espère de lui, par la suite, dans la formation d'une nouvelle halle que ledit testateur s'est promis de lui faire gérer pendant l'espace de sept années, au cas qu'il vive ce temps, — suppliant pareillement, Mrs le Général et Intendant de cette colonie de vouloir confirmer ladite liberté.

« Incontinent après le décès dudit testateur, il veut et

entend qu'il soit fait un inventaire, description et estimation exacte de ses biens, meubles et immeubles, et
que les effets mobiliers, non attachés à immeubles, soient
vendus au plus offrant et dernier enchérisseur à six
mois et un an de terme.

Veut également,.ledit testateur, que, du jour de son
décès, la négresse ci-dessus, Jeanneton, sa servante, soit
affermée au profit de sa succession pendant l'espace de
huit années, après lequel temps qu'elle demeure libre,
elle et son enfant négrillon, nommé François, créole,
âgé d'environ deux ans, et celui dont elle est actuellement enceinte, pour, par elle et ses dits enfants, en jouir
audit temps, sans trouble et comme les autres affranchis
du royaume.

Ledit testateur nomme le sieur Simon-Pierre Allaire,
résidant en la paroisse de Vérettes, pour gérer et poursuivre les affaires qui regardent sa succession, le priant
de vouloir bien en prendre la peine; et, pour les déboursés qu'il sera dans l'obligation de faire à cet égard, il
s'adressera à l'exécuteur ci-après nommé, qui lui déli-
vrera les fonds convenables pour ce regard... Et, pour
le dédommager des peines qu'il prendra à ce sujet,
son intention est qu'il lui soit délivré, par son dit exécuteur testamentaire, une somme de trois mille livres, en
commençant lesdites affaires, et quinze cents livres
après la confection d'icelles.

« Veut, ledit testateur, que les deniers provenant de la
vente des effets périssables et non attachés à ses immeubles soient mis ès-mains du sieur Bonfils, négociant,
demeurant en la ville de Saint-Marc, qui en sera le dépositaire et qui les emploiera à l'acquittement des dettes du
dit testateur et en l'achat de trente-cinq têtes de nègres,
pour être mis et incorporés avec ceux de son habitation
des Bas-de-l'Artibonite, paroisse de Saint-Marc, pour le
tout être affermé au profit de sa dite succession,

Donne encore, ledit testateur, la liberté à une négresse surannée, nommée Petite-Marie, créole, mère de ladite Jeanneton, pour la récompenser des bons services qu'il en a reçus depuis longtemps ; supplie également M^{rs} le Général et Intendant d'approuver ladite liberté.

« Veut, ledit testateur, qu'il soit passé en France des fonds suffisants pour être achetées sept portions de terre, d'environ 200^{tt} de revenu, pour être données à perpétuité à sept pauvres prêtres de ladite paroisse de Saint-Martin de Mayenne, leur vie durant ; au moyen de quoi, lesdits prêtres, qui seront à la collation du plus proche parent du côté paternel dudit testateur et, à défaut de parents de ce côté, de celui maternel d'icelui testateur, diront toutes les semaines une messe de *Requiem* pour le repos de son âme ; lesquels fonds seront envoyés à M. le curé de la dite paroisse de Saint-Martin de Mayenne, qui se consultera avec M. le doyen de la ville, son confrère, et quelques notables habitants des deux paroisses de ladite ville, pour faire lesdites acquisitions et en passer l'acte de fondation, à perpétuité, au nom dudit testateur, conformément à son intention susdite, leur en donnant, pour cet effet, tout pouvoir, par son présent testament.

« Donne et lègue ledit testateur à son frère René Gestière, avocat en parlement, et à la dame son épouse, une somme de 3.000^{tt} de rente viagère, savoir : 1.500^{tt} à chacun ; laquelle dite somme de 1.500^{tt} à chacun, de rente viagère, demeurera éteinte à la mort d'iceux, en sorte que le survivant n'aura que ses 1.500^{tt}, sa vie durant ; pour sûreté de laquelle somme de 3.000^{tt} de rente viagère, ledit testateur y affecte, oblige et hypothèque tous les biens meubles et immeubles, qu'il laissera au jour de son décès.

« Donne et lègue, ledit testateur, à sa nièce, qu'il a désignée être fille unique en légitime mariage de feu François

Gestière, avocat en parlement, et de demoiselle Renotte Jonchère, ses père et mère, une somme de 30.000^{tt} une fois payée, et ce, au cas que sa dite nièce se marie à un homme sortable, l'intention du testateur étant, qu'au cas qu'elle garde le célibat, que le susdit legs de 30.000^{tt} en propriété soit réduit à une pension de rente viagère de 1.500^{tt}, ainsi qu'à ses oncle et tante ci-dessus.

« A l'égard de tous ses biens généralement quelconques, tant meubles qu'immeubles, par ledit testateur délaissés au jour de son décès, veut et entend qu'ils appartiennent aux enfants mâles, nés, en légitime mariage, du sieur René Gestière, son frère aîné; lesquels il fait et institue ses légataires universels, l'intention dudit testateur étant que si son frère n'avait que des filles, de ne leur laisser comme en effet il ne leur donne et lègue, par lesdites présentes, qu'une somme fixe de 80.000^{tt}, pour être partagée entre elles, par égales portions, et par elles en jouir en pleine propriété, et qu'au cas que son dit frère aîné, René Gestière, vienne à mourir sans enfants légitimes de l'un et de l'autre sexe, qu'il soit fait une masse de tous lesdits biens pour subvenir aux frais d'un hôpital général pour les pauvres de ladite paroisse Saint-Martin de Mayenne, et ce, dans trente années du jour de son décès; pendant lequel temps, tous les biens seront affermés et les revenus en provenant mis en sequestre entre les mains de messieurs les curés de Mayenne, qui formeront ledit établissement, à fur et à mesure que les fonds desdites fermes leur rentreront; après lequel temps, tous les biens dudit testateur seront vendus à la manière accoutumée, pour le produit d'iceux être remis aux dits sieurs curés de la ville de Mayenne, pour la perfection dudit établissement.

« Et pour exécuter le présent testament, icelui plutôt augmenter que diminuer, ledit testateur nomme la personne du sieur Jean Bourgeois, habitant de la paroisse de Vérettes, entre les mains duquel ledit testateur se dessaisit de tous ses biens suivant la Coutume, le priant de vouloir bien en prendre la peine et de donner avis auxdits sieurs curés de ladite ville de Mayenne et de l'intention ci-dessus dudit testateur, audit défaut d'enfants mâles dudit René Gestière, pour qu'ils envoient telles procurations qu'ils aviseront bon être pour l'exécution d'icelle.

« Révoquant, ledit testateur, tout testament et codicille qu'il aurait pu faire avant le présent, auquel seul il s'arrête, comme étant ses dispositions et intentions de dernière volonté.

« Ce fut ainsi fait, dicté et nommé par ledit testateur à nous, notaire soussigné, en présence des sieurs Jacques-Philippe Lafond, chirurgien, résidant audit quartier, et François Coutant, aussi y résidant, témoins requis par ledit notaire ; aussi présence desdits témoins, lu et relu audit testateur, qui a dit l'avoir bien au long entendu et être ses véritables dispositions et dernières volontés.

« Fait et passé, au lieu de la Source-à-la-Baleine, audit quartier de l'Artibonite, paroisse Saint-Gérôme de la Petite-Rivière, sur l'habitation d'icelui testateur, le dixième septembre mil sept cent quarante-un, sur les onze heures du soir, en présence desdits témoins, qui ont signé avec ledit testateur et nous dit notaire.

Signé : Gestière La Valette, F. Coutant, Lafond, Bonicel, notaire.

Quelques jours après avoir fait ce testament, Gestière La Valette y ajouta le codicile suivant :

« Au nom du Père et du Fils et du Saint-Esprit. Ainsi soit-il.

« Et advenant le jeudi vingt-un du mois de septembre de l'année mil sept cent quarante-un, avant midi.

« Par devant moi, Frère Jean-Louis Rome, religieux

dominicain, curé desservant la paroisse Notre-Dame-de-Vérettes, quartier de l'Artibonite, en présence des témoins ci-après nommés, a été présent Ambroise-Gestière, dit La Valette, habitant de la paroisse de la Petite-Rivière, étant au lit malade en sa maison, mais sain d'esprit et d'entendement.

« Lequel, ajoutant par forme de codicille à son testament fait le dix septembre de la présente année et fini le onze du présent mois, au rapport de M⁰ Bonicel, notaire de la juridiction royale de Saint-Marc, de son propre mouvement et sans suggestion de personne, m'a dit et dicté ce qui ensuit :

« Qu'il donne la liberté à Antoine, son commandeur, moyennant qu'il demeurera sur ladite habitation, qu'il gérera ladite habitation ; pour quoi, il lui sera donné, tous les ans, 50 piastres pour avoir ses besoins. Pareillement, donne la liberté au nègre, nommé Parapinte, couleur d'indigo, à qui il donne 20 piastres par an, et ce, pour les bons services que ces deux nègres lui ont rendus, — s'en reférant à M⁰ˢ le Général et Intendant, qu'il supplie de leur en faire jouir, les deux nègres étant âgés de plus de cinquante ans, aux conditions que ledit nègre Parapinte ne quittera point l'habitation et continuera son même métier.

« Pareillement, il laisse au R. P. curé de Vérettes la somme de 1500# pour réparer quelques torts, s'il en a commis dans sa vie.

« Lequel présent codicille, j'ai lu et relu audit Ambroise-Antoine Gestière, dit la Valette, testateur, qui a dit l'avoir ainsi entendu et voulu qu'il sorte son plein et entier effet, entendant aussi que son testament, dans le surplus de son contenu, sorte son effet.

« Le tout fait et dicté, en présence de Pierre-Charles Dufeau et Claude Vaudré, témoins à ce requis et soussignés.

« Et a signé le testateur, les an et jour que dessus.

« Ajoute encore, ledit testateur, qu'il veut qu'on répare le tort que l'on a fait aux nègres commis à ses soins, tant dans leur habillement que dans leur nourriture, leur faisant donner le double de vêtements.

Signé : GESTIÈRE DE LA VALETTE, DUFEAU, CLAUDE VAUDRÉ ET PÈRE ROME, Curé de Vérettes.

« Vidimé et collationné par nous, notaire au siège royal de Saint-Marc, en l'Ile de Saint-Domingue, résidant au quartier de l'Artibonite, soussigné, le codicille ci-dessus, lequel est conforme à la minute déposée en nos mains par le R. P. Rome, curé de la paroisse de Notre-Dame-de-Vérettes, au rapport duquel il est passé, pour ledit codicille être annexé à la minute dudit testament ci-dessus, reçu par nous dit notaire.

A l'Artibonite, le 21 octobre 1741.

Signé : BONICEL, notaire. »

Une copie collationnée de ces testament et codicille fut contrôlée à Mayenne, le 5 avril 1771, par Sohier, commis. Elle fut déposée le lendemain, au rang des minutes de Cherbonnel, notaire à Mayenne, qui en délivra une expédition à l'Hôtel de ville, sur laquelle Guimond, secrétaire de la Mairie, en fit une copie, dont nous nous sommes servi pour donner celle qui précède. Il n'est pas étonnant qu'on y remarque quelques omissions, par suite de ces copies successives.

Gestière-La Valette appartenait à une bonne famille de notre pays. Il était né, comme on l'a vu, du mariage d'Antoine Gestière, avocat, avec Anne Lelouable, célébré en l'église Saint-Martin de Mayenne, le 9 janvier 1680, par le curé de cette paroisse, Anthoine Gestière, qui était probablement son oncle.

Il avait pour héritiers :

René Gestière, son frère cadet, avocat en parlement, qui habitait Mayenne, et Marie-Françoise Gestière, sa nièce, fille unique de feu François Gestière, son frère aîné, mariée à Jean-Baptiste Ouvrard.

Gestière-La Valette appelait René Gestière, son « frère aîné », parce qu'il était plus âgé que lui, car François Gestière avait été, par l'âge, le chef de la famille.

René Gestière, marié à Perrine Lepennetier, se trouvait sans enfants au décès du planteur.

Les renseignements obtenus sur l'importance de la succession apprirent qu'elle était de plus d'un demi-million.

La famille Gestière ne trouva pas prudent d'en laisser l'administration à des étrangers, et René Gestière et Ouvrard, son neveu par alliance, étaient déjà partis pour Saint-Domingue, que le clergé de Saint-Martin et la ville de Mayenne cherchaient encore les moyens de sauvegarder les droits qu'ils pourraient avoir un jour dans la succession.

L'actif du défunt était, en effet, fort important.

Il était propriétaire de trois habitations, affermées 22.500^t, de meubles et objets mobiliers d'une valeur d'environ 50.000^t, et, en outre, possédait 131 têtes de nègres, qui furent estimées dans l'inventaire à 160.000^t. Cette fortune avait été acquise, en grande partie, dans la culture de l'indigo.

Les curateurs aux biens vacants à Saint-Domingue s'étaient emparés de l'administration des biens de Gestière La Valette, en l'absence de ses héritiers.

René Gestière et Ouvrard procédèrent avec habileté. En qualité d'héritiers naturels du testateur, ils requirent la mise en possession, pour chacun moitié, des biens du défunt et poursuivirent l'annulation du testament et du codicille de ce dernier, comme contraires à la Déclaration du 25 novembre 1743 et à l'Edit d'août 1749. Cet édit ne se contentait pas de renouveler, dans son article premier, la défense de créer aucun établissement sans lettres patentes ; il défendait encore, par son article deux, « de faire à l'avenir aucune disposition, par acte « de dernière volonté, pour fonder un nouvel établis- « sement ou au profit des personnes qui seraient char- « gées de le former, à peine de nullité, et quand même la « disposition serait faite à la charge d'obtenir des lettres « patentes ».

Le lieutenant civil de la sénéchaussée de Saint-Marc rendit, le 2 Juin 1751, la sentence suivante : « Ordon- nons, à l'égard du testament dudit La Valette, qu'à l'ex- ception de la fondation pour les pauvres prêtres de la paroisse Saint-Martin de Mayenne et de celle d'un hô- pital général dans ladite ville, à défaut d'enfants mâles de René Gestière, (pour raison de quoi renvoyons les parties à se pouvoir ainsi qu'elles aviseront aux termes des Edits et Déclarations du roi), et encore à l'exception de la nomination des sieurs Bourgeois, Allaire et Bon- fils pour exécuter le testament, faire les affaires de la succession et en toucher les fonds, lesquelles sont de- meurées sans effet, — icelui testament sera exécuté se- lon sa forme et teneur...

« Ordonnons, en outre, que jusqu'à ce qu'il soit justifié si ledit René Gestière a des enfants mâles ou non, icelui Me René Gestière et la dame Ouvard seront mis en pos- session, chacun pour moitié, de tous les biens et droits de la succession dudit feu La Valette, en par eux don- nant bonne et valable caution, agréée par le procureur du roi, pour sûreté du compte qu'ils auront à rendre aux dits enfants mâles ou autrement, suivant l'événement du procès sur les dites fondations, et des sommes dont ils se trouveront débiteurs par la liquidation d'icelui, etc. »

Ce jugement ne satisfit point les héritiers Gestière,

parce qu'il les obligeait à donner caution ; ils en portèrent appel. Un arrêt du Conseil supérieur de Léogane, du 7 septembre 1751, infirma la sentence du siège de Saint-Marc et « sans avoir égard, quant à présent, au testament, » envoya en possession René Gestière et la dame Ouvrard et ordonna aux curateurs aux vacances de leur remettre tous les biens du défunt. Ceux-ci s'exécutèrent.

Il ne restait plus aux héritiers qu'à procéder au partage de la succession, ce qu'ils s'empressèrent de faire devant Cerfeuille, notaire à Saint-Marc.

A son retour, René Gestière mourut à Mayenne, le 25 février 1752, sans laisser d'enfants, et sa succession fut recueillie par sa nièce, la dame Ouvrard.

Comme nous venons de le voir, les héritiers du sang de Gestière-La Valette s'étaient emparés de sa fortune. René Gestière étant décédé sans enfants, il semblerait que celle-ci eût dû revenir à la ville de Mayenne, pour la fondation de son Hôpital général, conformément aux dispositions du testament du 10 septembre 1741. Pourtant cette dévolution était moins justifiée qu'on pourrait le penser.

Les termes des ordonnances royales paraissaient, en effet, mettre un obstacle absolu à l'autorisation des legs destinés aux fondations d'hôpitaux ; aussi la ville de Mayenne hésitait-elle à entreprendre un procès.

Le curé de Saint-Martin, François-René Barbeu du Bourg, essaya d'obtenir la délivrance du legs fait aux sept prêtres et fut débouté de sa demande, par sentence du siège de Saint-Marc, du 8 décembre 1651, et arrêt du Conseil supérieur de Léogane, du 6 juillet 1752.

En 1745, le procureur général du parlement de Paris, Joly de Fleury, à l'instigation de personnes influentes qui s'intéressaient à la ville de Mayenne, fit rendre un arrêt qui permettait à celle-ci d'assigner les héritiers Gestière, pour obtenir la délivrance du legs que renfermait le testament. Il ne fut pas suivi de poursuites, dans la crainte, sans doute, d'un échec.

Ouvrard mourut en 1764. Sa femme était elle-même décédée auparavant.

Ils laissaient cinq enfants :

1° René-Jea...-François Ouvrard, lieutenant à l'Election du Mans ;

2° Etienne-Gabriel Ouvrard, officier de la garde-robe du roi ;

3° Joseph-François Ouvrard ;

4° Jean-Baptiste-Pierre-Augustin Ouvrard ;

5° Gabrielle-Anne-Thérèse Ouvrard, mineure sous la tutelle de son oncle, Louis Ouvrard du Verger.

Cependant la municipalité de Mayenne ne perdait pas complétement de vue le testament de Gestière et décida, le 9 avril 1766, qu'il convenait d'en demander l'exécution.

On ne donna pas suite à ce projet, et les années passèrent.

On arrive en 1779. Quarante ans se sont écoulés, mais la prescription quarantenaire n'était pas acquise aux héritiers. Les délais ne couraient contre l'hôpital que du jour de décès de René Gestière, c'est-à-dire du 25 février 1752.

La municipalité de Mayenne pensa alors avec raison que, si elle obtenait des lettres patentes de création de l'Hôpital général, elle faciliterait la délivrance du legs Gestière. Il était difficile de rappeler celles de 1719. On les avait dédaignées, puis elles pouvaient réveiller dans la population l'esprit d'opposition qui avait mis obstacle à leur exécution. Les regrets que beaucoup d'habitants avaient eus de la perte du couvent des bénédictines de la Madeleine, l'espérance que la ville pouvait concevoir de disposer des bâtiments de l'ancien monastère de la Madeleine parurent alors des circonstances favorables à la reprise du projet de fondation de l'hôpital. La ville allait se décider à solliciter de nouvelles lettres patentes.

CHAPITRE VIII

—

Demande de nouvelles lettres patentes de création d'un hôpital général. — Biens offerts dans ce but ; Immeubles ayant dépendu de la léproserie Saint-Jacques de Mayenne. — Opposition de la famille Ouvrard et de divers intéressés. — Un discours de Lefebvre de Champorin, maire de Mayenne. — La ville obtient a nouveau des lettres patentes.

Toutes les précautions furent prises pour faire réussir le nouveau projet de fondation de l'hôpital général. Les administrateurs de l'Hôtel-Dieu, dit du Saint-Esprit, délibérèrent en ces termes :

« Le 15 avril 1779, le bureau de l'administration de l'Hôtel-Dieu assemblé au lieu et en la maison accoutumée, il est représenté :

« Que l'augmentation de la ville, la prohibition de la mendicité et la cessation actuelle du commerce augmentant prodigieusement le nombre de ceux qui sollicitent des lits à l'Hôtel-Dieu, il devient de jour en jour plus insuffisant pour les besoins des pauvres du pays ;

« Que l'établissement d'un hôpital général, nécessaire à la ville, serait pour l'Hôtel-Dieu lui-même une grande décharge ; que l'humanité empêche de renvoyer quantité de malades aussitôt après leur guérison, parce que manquant chez eux des secours nécessaires pour leur entier rétablissement, ils retombent promptement et reviennent à la charge de l'Hôtel-Dieu, au lieu qu'ils trouveraient à l'hôpital général un refuge naturel et avantageux.

« Que M. de Ricœur, citoyen zélé, a laissé pour en commencer la fondation, ses maisons et jardins du Pressoir, de la valeur de 360ᵗ de revenu, susceptible d'augmentation, mais que la poursuite de ce projet ayant été négligée, ces fonds furent donnés par intérim à l'Hôtel-Dieu; qu'il paraît juste et naturel que ces biens retournent à leur destination primitive, qu'il serait à propos, pour y parvenir, d'en faire la cession à messieurs de l'Hôtel de Ville, qui maintenant s'occupent de l'établissement d'un hôpital général dans le monastère de l'Assomption dit de la Madeleine, dont ils espèrent la cession.

« Que l'Hôtel-Dieu possède encore des fonds de la valeur de trois-cent trente-trois livres de revenu, qui appartenaient à une ancienne maladrerie, nommée Saint-Jacques; qu'il serait à propos de joindre la cession de ces biens accidentels à celles des maisons du Pressoir, pour parvenir plus facilement à la fondation d'un établissement aussi avantageux.

« Sur quoi, la matière mise en délibération, tous les administrateurs ont été unaniment d'avis de rendre et céder, sous le bon plaisir de sa Majesté, les maisons et jardins du Pressoir, avec les pièces de terre de la Maladrerie de Saint-Jacques, pour en former un hôpital général, lequel en jouirait dans l'état où ils se trouveront lors de l'enregistrement des lettres patentes; de prier messieurs de l'Hôtel de Ville d'accepter cette cession et de poursuivre leur projet pour cet établissement — et ont autorisé le procureur administrateur à leur délivrer, sous sa signature, une copie de la présente délibération.

Fait et arrêté les jour et an que dessus.

Signé : Lefebvre de Cheverus, curé de Mayenne, P. Carré, curé de Saint-Martin; J.-F. Dupont, juge criminel ; Lefebvre de Champorin, maire ; Maupetit, procureur du roi de l'Hôtel de Ville ; Moullin de Vaucillon, procureur ducal ; Le Jeune, administrateur ; Quinton, le jeune ; Pattier ; Goyet.

Les biens-fonds de la Maladrerie de Saint-Jacques, dont il est question dans la délibération qui précède, exigent quelques éclaircissements, qui viendront compléter ceux qu'a donnés notre regretté et excellent ami Charles Trouillard, avocat à Mayenne [1].

La léproserie de Saint-Jacques était située « au-dessus « du village de la Mauhitière, paroisse Notre-Dame, sur « le chemin de Mayenne à Parigné ». Au XVIe siècle, n'étant plus occupée par des lépreux, depuis longtemps déjà, les fabriques de Notre-Dame, de Saint-Martin et de Parigné, s'emparèrent de ses immeubles et en jouirent paisiblement. Le public pensait qu'elles en étaient propriétaires à la charge d'entretenir la chapelle. Celle-ci étant tombée en ruines, quelques personnes s'émurent, en 1745, de cette négligence et s'enquirent de leurs obligations. La fabrique de Notre-Dame consentait à la restauration, mais celles de Saint-Martin et de Parigné refusaient d'y contribuer, parce que le sanctuaire n'était pas situé sur leur territoire.

C'est alors qu'on découvrit qu'autrefois les trois fabriques s'étaient disputées la possession des biens de Saint-Jacques, que la fabrique de Notre-Dame avait prétendu y avoir des droits exclusifs, qu'une transaction était intervenue entre les trois plaideuses en 1506, et que depuis cette époque chacune d'elles jouissait du tiers des immeubles.

Louis XIV avait, d'abord en 1672, ordonné la réunion des biens des léproseries à l'ordre du Mont-Carmel et

---

[1] Voir *La Seigneurie et la chapelle de Saint-Jacques-des-lépreux de Mayenne*, par Ch. Trouillard *(Revue historique et archéologique du Maine*, 1877, tome II, p. 315).

de Saint-Lazare de Jérusalem, pour en faire des commanderies, puis en 1693, revenant sur cette affectation, donné ces biens aux hôpitaux voisins, à la condition d'y recevoir les malades pauvres des paroisses où les immeubles étaient situés.

Les fabriques de Notre-Dame, de Saint-Martin et de Parigné s'étaient gardées d'exécuter l'ordonnance de 1693.

En 1747, François Duhail, procureur de l'Hôtel-Dieu du Saint-Esprit, de Mayenne, présenta au lieutenant-général de la Sénéchaussée et siège Présidial du Mans une requête dans laquelle il exposait les faits qui viennent d'être rappelés sommairement et sollicitait la distraction des biens de Saint-Jacques au profit de l'Hôtel-Dieu. Il s'appuyait sur les Edits royaux, dont l'esprit sinon les termes précis tendaient à l'union des biens des léproseries aux hôpitaux. Le lieutenant répondit favorablement à cette requête le 12 mars 1747.

L'affaire fut plaidée au Mans et les fabriques succombèrent. Une sentence du Présidial, du 28 mars 1748, accorda les biens de Saint-Jacques à l'Hôtel-Dieu.

Ces immeubles étaient ceux dont nous venons de voir cet établissement disposer en faveur d'un hôpital général. On en faisait la désignation suivante, avant la Révolution :

« 1° Le champ de la Touche, contenant un journal et
« demi ou environ, côtoyant la rue des Fourches qui con-
« duit aux Provotières, d'autre côté trois pièces de terre
« du lieu de la Touche à Louis Lemoine et Pierre Cha-
« brun Carlière, aboutant sur le chemin de Mayenne à
« Ernée ;

« 2° La Petite-Vallée, contenant un journal environ,
« aboutant du bas au champ de la Vallée du lieu de la
« Touche, à François Baguelin, d'autre côté et d'un bout
« une pièce de terre et un pré du lieu de la Mauhitière

« à Jean-Charles Lefebvre d'Argencé, et d'autre bout
« une pièce de terre à Lemoine-Besnardière.

« 3° Une portion de pré, au haut du pré du village de
Bras, appartenant à l'Hôpital de Mayenne, contenant,
ladite portion, où recueillir une charretée de foin environ, aboutant, du haut, au pré du lieu de Poirsac, de
Rabinaud de Malicottes et enfants, du bas, le reste du
dit pré dépendant du lieu de Bras, côtoyant d'un côté le
champ de Bras audit Malicottes et enfants, et d'autre
côté le champ ou butte de pré du lieu de Bras.

« 4° Une pièce de terre, nommée le Grand-Champ Saint-
Jacques, contenant deux journaux environ, dans laquelle
est située et bâtie la chapelle de Saint-Jacques, aboutant
sur le grand chemin de Mayenne à Ernée, du bout du
haut, à une pièce de terre du lieu de la Touche à Pierre
Chabrun - Carlière, côtoyant deux pièces de terre à
Lemoine-Besnardière et, d'autre côté, une pièce de terre
de la Mauhitière à Lefebvre d'Argencé sus-nommé.

« 5° Un friche, contenant un quart de journal ou environ, où étaient anciennement une maison et jardin *étant
vis-à-vis la chapelle Saint-Jacques*, le chemin entre deux,
côtoyant le champ à Michel Guesnerie et à ses cohéritiers, d'autre côté le petit champ de la chapelle Saint-
Jacques, et boutant le champ du Petit-Rocher à Trelon
de Fiefgirard.

« 6° Une pièce de terre, aussi nommée le Petit-Champ de
Saint-Jacques, contenant un journal environ, côtoyant
le chemin de Mayenne à Ernée, d'autre côté les deux
champs du Grand et Petit-Rocher à Trélon de Fiefgirard,
boutant, du haut et du bas, deux autres champs nommés
de Saint-Jacques.

« 7° Une pièce de terre, nommée le Grand-Champ de
Saint-Jacques, contenant deux journaux environ, boutant le Petit-Champ ci-dessus, d'autre bout deux pièces
de terre dépendant de Bras, côtoyant le chemin de

Mayenne à Ernée et, d'autre côté, le champ du Grand-Rocher à Tréton de Fiefgirard [1].

Les fabriques des églises de Notre-Dame, de Saint-Martin et de Parigné n'étaient pas les seules paroisses à avoir profité des biens de leur maladrerie. Celle d'Oisseau faisait entrer dans son actif le revenu des anciens biens de sa léproserie, dont dépendaient notamment quatre pièces de terre. Trois d'entre elles étaient appelées les Grandes-Maladreries, la quatrième la Petite-Maladrerie ou le champ du Pont. Ce dernier nom paraît indiquer

[1] Ces biens étaient affermés à Jean Jamelin et Guillaume Garel, pour 118 # par an, en 1747.

La léproserie de Saint-Jacques était une seigneurie qui possédait des fiefs censifs assez nombreux. En 1659, nous trouvons parmi eux : 1° la métairie de Bras ; 2° la métairie de Poirsac, dont dépendaient disait-on, « 1ent l'étang au « Queu (clos), contenant trois journaux, joignant d'un bout, où est la chaussée, « le chemin de Mayenne aux Trois Arbrets (Trois Herbettes); 2ent une portion « de pré, au-dessous de la chaussée dudit étang, contenant un journal et « demi, joignant d'un côté la vallée Thomasse et aboutant à l'étang qui fut « le Gravelin » ; 3° le lieu de la Fosse ; 4° le lieu d'Epagne (Epeigne) ; 5° le lieu de la Davière ; 6° le lieu des Perrouins ; 7° la lande des Trois-Arbrets (Trois-Herbettes); 8° le Clos-Beauvais ; 9° Trois pièces de terre, nommées les Clos-Royer ou Rogné, Clos-du-Clos et Clos-Bonjour, situées entre l'étang au Queu et les terres de la Vigne et de Poirsac ; 10° l'étrage de Marigny ou emplacement d'un vieux moulin, situé au haut du pré de la Petite-Croix et son étang ; 11° la vallée dite de Poirsac, contenant trois journaux, aboutant d'un bout au chemin de Mayenne à Saint-Georges ; 12° une maison et un jardin à Mayenne, rue Saint-Antoine. Les titres des biens de la léproserie Saint-Jacques ayant été perdus, les détenteurs de ces fiefs n'en payaient plus de devoirs.

Les étangs et prés, dont il vient d'être parlé, se trouvaient, ainsi qu'il est facile de le voir par l'inspection des lieux, le long de la vallée du ruisseau des Perrouins, depuis la place Gambetta jusqu'à la route de Mayenne à Ernée. Il devait encore exister un autre étang dans la même vallée, car nous trouvons cette désignation d'un jardin, situé paroisse de Notre-Dame de Mayenne : « Jardin sis sur le chemin tendant du cimetière (Saint-Antoine) à l'étang de Jeannette ».

La léproserie jouissait jadis « du revenu de la foire de la Pentecôte, à Mayenne ».

En 1761, on se servit des pierres provenant des murailles de la chapelle Saint-Jacques pour faire le mur du cimetière Saint-Antoine, du côté de la rue de ce nom. Le reste de ces matériaux fut vendu.

qu'à Oisseau, comme à Saint-Loup-du-Gast, la léproserie avait été placée près d'un pont franchissant la Col-
mont, c'est-à-dire sur un passage, ce qui était l'ordinaire.

Le fermage des biens de la léproserie, réunis par
l'Hôtel-Dieu à l'Hôpital général, était de .... 360[f]
Quelques autres libéralités venaient s'y ajouter.

    Il était donné par :
1° René Guyard, marchand de vins en gros,
    une rente constituée de............... 700[f]
2° René Morin de la Pilardière, une rente de. 95[f]
3° René Duval, une rente de............... 50[f]
4° Renée-Françoise Gasté du Parc, une rente de 150[f]

                Ensemble.... 1.355[f]

C'était donc avec un revenu de treize-cent cinquante-
cinq livres qu'on allait fonder, en 1779, l'hôpital général, alors que, cinquante ans auparavant, la ville avait
eu à sa disposition une somme annuelle de cinq mille
livres, mais il n'y a pas à discuter avec les masses qui
subissent des entraînements. L'honneur de leurs chefs
est d'avoir le courage de leur résister; la municipalité de
Mayenne ne l'avait pas eu. Il est vrai que l'opinion publique s'était modifiée au cours du demi-siècle qui
venait de s'écouler. Un courant philantropique agitait
du reste la nation entière.

L'Hôtel de ville s'adressa à l'évêché du Mans pour
obtenir, en faveur de son Hôpital général, distraction du
couvent de la Madeleine et des revenus qui en dépendaient, et pria la duchesse de Mazarin d'appuyer cette
demande. Le maire Lefebvre de Champorin et Maupetit furent même dépêchés « pour présenter à l'évêque les
« hommages de la ville, le féliciter de son avènement

« au siége de l'Eglise du Mans » et joindre leurs instances
verbales à la requête qu'il avait reçue. Le prélat se montra sympathique au projet de fondation, mais ajourna
l'attribution demandée, parce que les lettres patentes
de création de l'Hôpital devaient être d'abord obtenues.
« Il se réunirait, disait-il, à la dame duchesse de
« Mayenne et aux officiers municipaux pour demander
« collectivement et solliciter du Conseil de sa Majesté
« ces lettres patentes, pour, après l'obtention des dites
« lettres et leur enregistrement à la cour, procéder à son
« décret de distraction, en faveur du dit Hôpital général,
« des bâtiments, enclos et pré de la Madeleine, afin d'en
« former le chef-lieu et principal hospice dudit hôpi-
« tal. » Ce sont les termes d'une ordonnance de l'évêque, du 30 avril 1779.

Une supplique fut adressée au roi afin qu'il voulût
bien accorder les lettres patentes de création, et la ville
les attendait lorsque la famille Ouvrard s'opposa à leur
expédition.

La municipalité de Mayenne, craignant que le peu de
revenu qu'elle possédait pour l'ouverture du nouvel
établissement n'amenât le rejet de sa demande, avait fait
ressortir les avantages que présentait le testament de
Gestière-La Valette, mais les membres de la famille Ouvrard, ses neveux, virent dans cette allégation une attaque indirecte contre eux. Il leur importait que le
roi ne confirmât pas, même tacitement, les droits de
l'Hôpital sur la succession de leur oncle. Ils présen-
tèrent au Conseil un mémoire dans lequel ils se pré-
valaient de l'arrêt de Léogane, du 7 septembre 1751,
et leur avocat ajoutait : « C'est en vertu de ce titre que
« les héritiers déclarent s'opposer à la demande qu'ils
« ont appris être faite par les maires et échevins de la
« ville de Mayenne, afin de faire appliquer au nouvel
« hôpital, qu'ils veulent établir, les biens provenant de

« la succession de Gestière, leur oncle. Indépendam-
« ment de cet arrêt qui doit faire proscrire leur demande,
« ils observent que la Déclaration du 25 novembre 1743,
« en faveur des colonies, et l'Edit d'août 1749, pour tout
« le royaume, concernant les biens de main-morte, ne
« permet pas qu'elle puisse être admise. Ils espèrent par
« ces considérations que si le nouvel établissement pou-
« vait être autorisé, les lettres patentes, expédiées à cet
« effet, n'appliqueront point à son entretien les biens
« qu'ils ont reçus de la succession de leur oncle et
« dont il a été jugé qu'il ne pouvait priver ses héritiers
« en faveur d'un établissement qui n'existait pas et qui
« ne peut avoir lieu au préjudice de tiers ».

Ces raisonnements n'étaient que spécieux ; les officiers municipaux de Mayenne répondirent victorieuse-
ment :

« 1° Que la réclamation des Ouvrard était précoce,
parce qu'on n'avait formé contre eux aucune action et
que, si l'on avait parlé du legs Gestière, ce n'avait été
que comme d'un moyen de considération et d'espérance, sans rien faire statuer sur la validité de ce legs.

« 2° Que l'arrêt de 1751 n'avait envoyé les héritiers en
possession que *quant à présent*, disposition juste et fondée, parce qu'alors René Gestière vivait encore et que le
legs était subordonné à la condition qu'il décéderait
sans enfants. »

De leur côté, le prieur et les religieux du prieuré de
Fontaine-Géhard ayant appris que la ville avait demandé
la réunion à l'hôpital des aumônes dues par eux à la chapelle de la Madeleine, s'y opposèrent. On se souvient, en
effet, qu'au xiii° siècle, Geoffroy, prieur du couvent de
Saint-Etienne de Mayenne, avait pris l'engagement de
servir plusieurs rentes à la chapelle de la Madeleine ;
elles existaient toujours.

Les religieux de Fontaine-Daniel, le seigneur de Contest, le curé de cette paroisse et ceux de Saint-Georges-Buttavent et de Saint-Baudelle, tenus à quelques petites rentes au profit de la chapelle de la Madeleine, se trouvaient dans le même cas. Tous se réunirent pour empêcher la délivrance des lettres patentes. L'intérêt qu'avait l'hôpital à posséder les quelques livres, qui pouvaient lui revenir par an de ce chef, était presque nul, et la municipalité prit le sage parti de les abandonner.

Le curé et les habitants de la paroisse de Saint-Martin de Mayenne possédaient dans la chapelle des droits qui, comme nous l'avons vu, leur avaient été réservés par l'acte de donation consenti au profit des bénédictines de l'Assomption. La ville leur promit de ne pas y porter atteinte, et ils gardèrent le silence.

Ces contre-temps ne firent que retarder l'obtention des lettres patentes de création de l'Hôpital général, que le roi accorda à Versailles en septembre 1780.

Le parlement ordonna, le 12 décembre suivant, que les lettres seraient communiquées aux maire, échevins et notables, convoqués en assemblée générale, pour donner leur avis sur l'opportunité de l'enregistrement.

Cette assemblée eut lieu le 4 janvier 1781 et Julien-Jean-François Lefebvre de Champorin, lieutenant général et maire de Mayenne, y prononça un discours, dans le genre emphatique et chevrotant, si goûté à la fin du xviiie siècle. En voici les termes :

« Messieurs, il ne faut qu'être homme pour s'attendrir sur le sort de l'homme malheureux, quelque partie de l'univers qu'il habite.

« Cette sensibilité naturelle s'accroit à proportion que les individus se rapprochent. Un État n'est dans le fait qu'une grande famille. Mais les nœuds de cette espèce de fraternité se resserrent encore lorsque les mêmes murs nous ont vu naître. L'habitude de vivre en famille, cet échange de besoins et de services, de tra-

vaux, cette heureuse et mutuelle dépendance qui cons-
titue la société, ces rapports multipliés de citoyen à
citoyen, tout augmente l'intérêt qu'inspire en général
l'humanité.

« Qui pourrait en effet, Messieurs, voir sans la plus
vive émotion le spectacle déchirant de l'affreuse misère,
où de fréquentes révolutions dans le commerce rédui-
sent une nombreuse partie des habitants de cette
ville.

« Touché de leur sort, le Conseil municipal a sollicité
tantôt des travaux de charité, tantôt des établissements
de bureaux dont on ne peut trop regretter la cessation,
où les débiteurs de corvées, en s'acquittant, donnaient
le moyen d'exercer cette charité, la mieux entendue,
celle d'occuper d'honnêtes et malheureux concitoyens,
qui ne manquaient de pain que parce qu'ils manquaient
de travail.

« Mais ces secours n'étaient pas pour la classe des
infirmes, des vieillards et des enfants, qui ont également
des droits à notre considération. Il fallait un hospice où
les retirer, les surveiller, les astreindre à un travail
réglé ; un hôpital général présentait ces avantages. Les
registres de l'Hôtel commun de cette ville consignent les
efforts des officiers pour parvenir à cet établissement.

« La suppression de la communauté des religieuses
bénédictines de l'Assomption, dites de la Magdeleine, en
offrant un édifice convenable, dans une situation saine
et avantageuse, a fait reprendre le premier projet.

« Autorisé et même pressé par plusieurs de vos délibérations et notamment par celles des 9 et 24 Avril 1766,
19 Mars et 10 Juin 1771, l'Hôtel de Ville a, depuis cette
époque, renouvelé ses sollicitations et vient enfin d'obtenir de la sagesse et de la bienfaisance du Souverain,
l'existence d'un hospice, désiré depuis si longtemps.

« Les lettres présentées à l'enregistrement, — la Cour,

attachée à des formes indispensables, dont sa prudence ne s'est jamais écartée, n'a pas cru devoir y procéder avant d'avoir consulté les ordres que vous représentez.

« Mais, Messieurs, d'un côté, cet établissement peut se soutenir, de l'autre, il est de la plus grande utilité, disons mieux, il est devenu nécessaire.

« Et d'abord cet établissement peut se maintenir. La vie commune est toujours la moins chère ; un travail bien réglé peut procurer non-seulement la nourriture mais encore l'entretien des pauvres de la maison ; il s'en trouvera peu qui n'y apportent quelque profit.

« D'ailleurs nous avons pour suppléer à cette partie et pour frayer aux autres dépenses nécessaires : 1° les maisons, jardins enclos et pré de la Madeleine, dont la charité de Monseigneur l'Evêque a bien voulu nous accorder la distraction ; 2° les maisons du Pressoir et les fonds de l'ancienne Léproserie ou Maladrerie de Saint-Jacques, dont l'hôpital des pauvres malades ne jouissait que jusqu'à l'érection d'un Hôpital général, et que la justice du bureau d'administration nous a abandonnés ; 3° enfin les dons faits par des citoyens généreux et bienfaisants pour doter notre hospice.

« Ces différents objets peuvent composer ensemble un revenu de deux mille cinq cents livres environ, indépendamment des bâtiments de la Communauté supprimée, qui (sans avoir néanmoins cette valeur intrinsèque) peuvent tenir lieu d'un fonds de quarante mille livres, qu'il faudrait tout au moins pour en édifier de pareils.

« Avec ces commencements, moins faibles que ceux de beaucoup d'autres établissements et les ressources d'une administration bien réglée, notre hospice peut donc se maintenir.

« Quant à sa nécessité, cet établissement est réclamé par l'humanité, les mœurs et la religion ; il va procurer une retraite, du travail et de l'instruction à des infortunés à qui il manque souvent jusqu'à un asile.

« En y formant, de bonne heure, les enfants au travail, ce sera conserver à l'Etat des hommes trop souvent perdus pour lui, par les désordres qu'entraînent la misère et l'oisiveté. De ce précieux asile de l'humanité souffrante pourront sortir de bons ouvriers pour notre manufacture, d'excellents citoyens : l'activité et l'industrie pourront même, par la suite, y ouvrir quelques nouvelles branches de commerce.

« Nous serions infinis si nous voulions détailler tous les avantages de cet établissement, et d'ailleurs nous étendre sur cet article serait presque douter de vos lumières et de votre patriotisme ; ce serait, Messieurs, offenser tout à la fois vos esprits et vos cœurs.

« Soulageons la misère, voilà le vœu de la nature, le cri du cœur ; toute impression contraire serait suggérée, ou par les esprits chagrins et singuliers qui critiquent le bien parce qu'il est le bien, ou par les esclaves d'une vile cupidité, qui, portant sur l'avenir des regards inquiets, craignent jusqu'aux moindres effets de l'attendrissement des âmes honnêtes, ou encore par le funeste égoïsme enfin, le fléau de la société, cet intérêt personnel pour qui le bien général est si peu de chose.

« Nous avons la douce satisfaction de n'avoir rien de semblable à combattre dans cette ville ; nous aimons à nous persuader qu'il ne s'y trouve point de ces âmes sèches et dures, qui s'isolent absolument et comptent presque pour rien la partie la plus nombreuse de la société, de ces êtres indifférents, désavoués par la nature, dont ils sont une erreur.

« Dans cette assemblée il n'y aura qu'une voix ; et cette voix ne sera que l'interprète des sentiments de tous les citoyens. Vous allez, Messieurs, confirmer vos précédentes délibérations et celle de ce jour transmettra à la génération future votre amour de l'ordre et de la Patrie.

« Nous allons tous, par acclamation, supplier Nos Seigneurs du Parlement de donner incessamment la sanction au titre de l'existence d'un établissement dont la nécessité augmente de jour en jour avec la misère, par la diminution sensible du commerce, la stérilité de cette année et l'épidémie qui depuis plusieurs mois désole cette ville.

« A joindre que se dépérissent, faute d'entretien, des bâtiments destinés à notre hospice, et la privation des revenus, dont on ne peut jouir qu'après l'enregistrement, rendent tout délai préjudiciable.

« Voilà, Messieurs, mon avis et ses motifs.

« Pour vous mettre en état d'ouvrir les votes, le greffier va vous donner lecture des lettres patentes de sa Majesté et de l'arrêt de la Cour, préparatoire à leur enregistrement ».

Ce discours s'acheva au milieu des applaudissements de l'assemblée, qui en vota l'insertion au procès-verbal de la séance. Il fut décidé, à l'unanimité, qu'il convenait de solliciter l'enregistrement. Le parlement l'accorda le 30 Mars 1781, sous la réserve que, pour les punitions et corrections autorisées par l'article vingt-quatre des lettres patentes, il ne pourrait être fait usage du poteau et du carcan (1).

(1) Voir à l'Appendice, note B, le texte de l'Enregistrement.

CHAPITRE IX

—

PRISE DE POSSESSION SOLENNELLE DE L'HÔPITAL DE LA
MADELEINE; PROCESSION GÉNÉRALE. — LES PREMIERS
ADMINISTRATEURS. — DISTRACTION, FAITE PAR L'ÉVÊQUE
DU MANS AU PROFIT DE LA VILLE DE MAYENNE, DE
BIENS AYANT APPARTENU AU COUVENT DES BÉNÉDIC-
TINES. — DESCRIPTION SOMMAIRE DES BATIMENTS DU
NOUVEL HÔPITAL.

Mayenne avait enfin son Hôpital général. Il ne restait
plus qu'à régler quelques formalités secondaires.

L'évêque devait rendre, au profit de la ville, un décret
de distraction de la chapelle, des bâtiments et dépendances de la Madeleine, notamment du champ de foire
de ce nom, puis il y aurait à le soumettre à l'agrément
du Conseil du roi. Comme il n'était pas douteux
que le décret et son approbation seraient obtenus, la
ville désira entrer, par avance, en possession de ces immeubles, pour les mettre en état d'être utilisés le plus
tôt possible. L'évêché s'y prêta volontiers, et Pichon,
vicaire-général du Mans, vint à Mayenne en juin 1781,
pour s'entendre à cet égard avec la municipalité. Il y
avait spécialement à faire l'estimation des bestiaux et
des récoltes sur pied, dépendant de l'exploitation diri-
gée par l'administrateur des biens de l'ancien couvent.

L'Hôtel de ville trouva dans ses rapports avec le
grand-vicaire tant d'aménité et de bonne grâce, qu'il
l'invita à honorer de sa présence la cérémonie de la prise

de possession qui devait avoir lieu quelques jours après. Pichon accepta, et, d'accord avec lui, il fut entendu que le clergé des paroisses de la ville organiserait avec le maire et les échevins, pour le mardi 10 juillet, une grande procession suivie d'un service solennel. Le Saint-Sacrement serait porté de l'église Saint-Martin à la chapelle de la Madeleine.

La population fut prise d'un véritable enthousiasme pour fêter l'inauguration du nouvel établissement, à part quelques tisserands qui en redoutaient encore la concurrence. Cependant les habitants de Saint-Martin n'oublièrent pas, au milieu de l'entrainement général, de réclamer les droits réservés, par eux, dans le contrat de cession aux Bénédictines du 16 juin 1658. Une démarche fut faite, à cet égard, à l'Hôtel de Ville par quelques paroissiens du faubourg, Michel-Pierre Lambleux, avocat, Joseph Benoiste du Perray, négociant, Marin Morin, directeur des Messageries, François-René Cherbonnel, notaire royal, et Henri Brou, notaire.

Les officiers municipaux leur répondirent « que leur « demande était fondée, que les droits réclamés ne ten- « dant qu'à l'édification des fidèles et à la conservation « des privilèges de M. le Curé et au soulagement des « habitants de la paroisse, ils ne pouvaient que ratifier « les réserves qui étaient faites ».

Il y eut une entente parfaite dans l'organisation.

Le 9 juillet, les officiers municipaux arrêtèrent :

« Que la prise de possession solennelle de l'Hôpital « général, fixée au lendemain mardi, était remise au « surlendemain, mercredi onze.

« Qu'on avertirait au son du tambour les habitants « de tendre, chacun devant leur maison, et tenir les « rues dans la plus grande propreté sur le passage de la « procession générale du Saint-Sacrement ».

« Qu'on inviterait à cette cérémonie le clergé des deux
« paroisses, les révérends pères capucins, messieurs de
« la noblesse, messieurs les officiers et avocats du Siège
« ordinaire et messieurs de l'Election, du Grenier à sel
« et de la Maréchaussée.

« Que, quoique les habitants des deux paroisses de
« cette ville, concitoyens et membres de la même Com-
« munauté, fussent représentés en cette cérémonie
« publique comme dans toutes les autres par leurs offi-
« ciers municipaux, néanmoins que, comme cet acte était
« tout à la fois civil et religieux, les mêmes habitants,
« comme paroissiens et attachés aux églises de cette
« ville, seraient encore, sous le respect, invités, dans le
« personnel de leurs procureurs et marguilliers, de se
« réunir au clergé pour la procession générale du Saint-
« Sacrement.

« Qu'il y aurait une invitation particulière pour cha-
« cun des bienfaiteurs de l'Hôpital général, dénommés
« dans les lettres patentes de l'érection de cet établisse-
« ment.

« Qu'on inviterait également M. l'abbé des Vauxponts,
« vicaire général de Dol, actuellement en cette ville, et
« M. Tanquerel, chez lequel était descendu M. l'abbé
« Pichon.

« Qu'en signe de réjouissance, il y aurait des salves
« d'artillerie, la veille et le jour, aux moments qui se-
« raient indiqués par M. le maire.

« Qu'il serait donné congé au Collège, avec exemption
« de devoir, afin que tous les citoyens de tout âge parti-
« cipent à cette fête.

« Que celle-ci serait terminée par un dîner, que la ville
« donnerait à M. l'abbé Pichon, auquel seraient invités
« messieurs les curés de cette ville, le révérend père
« gardien des capucins, monsieur de Chappedelaine,
« représentant l'ordre de la noblesse, messieurs les

« juges et officiers, monsieur le doyen des avocats au
« Siège ordinaire et messieurs les juge et procureur du
« roi du Bourgnouvel, auxquels la ville doit de la recon-
« naissance, pour la façon prompte et gratuite avec
« laquelle ils ont fait l'information *de commodo et*
« *incommodo* pour parvenir à l'enregistrement des lettres
« d'érection, messieurs les présidents de l'Election et
« du Grenier à sel, messieurs les lieutenant et sous-
« lieutenant de la Maréchaussée, messieurs les bien-
« faiteurs de l'Hôpital général, messieurs les procureurs
« et marguilliers des deux paroisses et messieurs l'abbé
« des Vauxponts et de Tanquerel. »

Un témoin oculaire de la fête l'a racontée en ces termes :

« Le soir de ce jour, 10 juillet 1781, à six heures pré-
« cises, la fête a été annoncée par toutes les cloches de
« la ville et faubourg, qui ont sonné jusqu'à sept.

« Le canon du château a tiré, à six, à sept et à huit
« heures.

« Le lendemain, 11 juillet, jour de la prise de posses-
« sion de l'Hôpital général, le canon a tiré à cinq heures
« précises du matin.

« On a sonné la procession générale aux deux parois-
« ses, depuis sept heures et demie jusqu'à huit.

« A huit heures précises, le canon du château a tiré et,
« au même instant, la justice arrive (officiers et avocats)
« sur une seule ligne, le corps municipal sur l'autre,
« M. l'abbé Pichon entre messieurs le juge civil et le
« maire, les deux lignes précédées des trois cavaliers et
« du brigadier de la Maréchaussée en habit d'ordon-
« nance et sous les armes, leurs officiers les lieutenant
« et sous-lieutenant, aussi en uniforme et l'épée nue,
« sont partis de l'Hôtel commun, sous les trois drapeaux
« de la ville, accompagnés de tambours et suivis d'huis-

« siers du Siège ordinaire et de gardes de la ville, revê-
« tus de leurs casaques.

« Les Corps se sont rendus en cet ordre à l'église
« Notre-Dame, où les révérends pères capucins y étaient
« réunis au clergé de la paroisse.

« Ensuite, le clergé de Notre-Dame, accompagné du
« procureur marguillier, des révérends pères capucins
« et des Corps, est parti de Notre-Dame, en chantant
« le *Veni Creator.*

« Ils ont été reçus à la porte de l'église Saint-Martin
« par le clergé et le procureur et les marguilliers.

« Arrivés à leurs places, on a exposé le Saint-Sacre-
« ment et la procession est partie dans l'ordre ci-dessus,
« le clergé de Saint-Martin, accompagné de ses mar-
« guilliers.

« Le dais était porté par quatre ecclésiastiques en dal-
« matique.

« Les trois cavaliers et le brigadier de la Maréchaussée,
« précédés de leurs officiers, étaient aux quatre coins du
« dais.

« La première station du Saint-Sacrement a été à
« l'église Notre-Dame et la seconde à la chapelle de
« l'Hôpital des pauvres malades (l'Hôtel-Dieu du Saint-
« Esprit).

« De l'Hôtel-Dieu la procession s'est rendue à la cha-
« pelle de l'Hôpital général de la Madeleine.

« A son arrivée, on a tiré les boîtes qu'on y avait
« transportées, et le canon du Château y a répondu.

« M. l'abbé Pichon a monté à l'autel et, en présence
« du Saint-Sacrement, a prononcé avec véhémence un
« discours éloquent et pathétique, analogue à la céré-
« monie, et dans lequel il a présenté, avec autant de for-
« ce que de vérité, ce que la religion et l'humanité ont
« de plus touchant et de plus capable tout à la fois de
« remuer et même de déchirer les cœurs sensibles, et de

« couvrir de confusion les égoïstes, en dévoilant au jour
« les motifs honteux qui leur font calomnier et traverser,
« autant qu'il est en eux, un établissement consacré au
« soulagement de la misère.

« L'on a ensuite chanté une messe du Saint-Esprit.
« A la communion, faute de vase sacré et attendu que
« cet hospice n'est point encore habité, le célébrant a
« consommé l'hostie qu'on y avait apportée procession-
« nellement de l'église Saint-Martin dans l'ostensoir ou
« soleil.

« Après la messe, on a chanté, au bruit de l'artillerie,
« l'*Exaudiat*, pour la conservation des précieux jours
« du monarque à la sagesse et à la bienfaisance duquel
« l'on doit l'existence légale d'un établissement désiré
« depuis si longtemps.

« Après cette auguste et touchante cérémonie, pendant
« tout le cours de laquelle on a remarqué (sans que le
« grand concours y eût apporté la confusion) des cito-
« yens de tous les états réunis, leur silence religieux,
« leur recueillement, cette douce émotion des cœurs
« peinte sur les visages, cette satisfaction du peuple qui
« ne se commande point, spectacle attendrissant, véri-
« table jouissance pour toutes les âmes honnêtes.

« Le clergé tant séculier que régulier et les Corps s'en
« sont retournés au bruit de l'artillerie, en chantant le
« *Te Deum*; et, après la rentrée du clergé dans les églises
« de Saint-Martin et de Notre-Dame, les Corps se sont
« rendus à l'Hôtel de ville dans le même ordre qu'ils en
« étaient partis.

« Pendant le cours de la marche de la procession gé-
« nérale et de toute la cérémonie, c'est-à-dire depuis
« huit heures du matin jusque sur les une heure de
« l'après-midi, outre les salves d'artillerie ci-dessus
« énoncées, il y en a encore eu d'autres à différentes épo-
« ques, suivant la consigne donnée par M. le maire.

« Cette fête de l'humanité et du patriotisme a été ter-
« minée par un repas où la décence, l'honnêteté et une
« aimable gaité ont répondu et à l'objet de l'assemblée
« et aux convives qui la composaient. L'on y a porté,
« avec acclamation et au bruit de salves d'artillerie, la
« santé de Monseigneur l'évêque à M. l'abbé Pichon,
« celle de la ville en général au Corps municipal, et, en
« particulier, celle de chacune des deux paroisses qui la
« composent à messieurs les curés et procureurs et mar-
« guilliers. L'on n'a pas oublié celle des bienfaiteurs à
« qui la ville a saisi avec empressement l'occasion de
« rendre ce tribut de reconnaissance. »

Contraste saisissant, moins de quinze ans après, la municipalité de Mayenne faisait transporter processionnellement à l'église de Notre-Dame de Mayenne, devenue
temple de la Raison, les bustes de Marat et de Lepelletier. Les Corps constitués et la Garde nationale, musique
et tambour en tête, formaient le cortège. Le *Veni Creator*
et le *Te Deum* étaient remplacés par le *Ça ira* et des
hymmes en l'honneur des deux morts. Les voûtes du
sanctuaire retentissaient des cris répétés de : « Vive
Marat, vive Lepelletier ! »

Les lettres patentes de création avaient réglé que le
bureau d'administration de l'Hôpital général « serait
« composé de six administrateurs-nés et perpétuels, de
« cinq administrateurs électifs, d'un greffier ou secré-
« taire et d'un receveur charitable ».

« Les administrateurs-nés, perpétuels » devaient être :

Le juge civil de la Barre ducale, qui avait la présidence, et, à son défaut, le lieutenant du même siège.

Le procureur ducal et, en son absence, l'avocat ducal.

Le curé de Notre-Dame.

Le curé de Saint-Martin.

Le maire de la ville.

Et un des officiers municipaux, choisi et député par le Corps municipal.

Quant aux cinq administrateurs « électifs », au greffier et au receveur, leur nomination se faisait en assemblée générale de l'Hôtel de ville. Celle-ci était tenue de choisir les administrateurs, deux dans la robe, un dans la bourgeoisie, deux dans le commerce, et le greffier et le receveur parmi les notables.

La première assemblée générale, convoquée à l'effet de procéder à ces élections, eut lieu le 25 août 1781. Zacharie-Thomas Moullin de Vaucillon, procureur général fiscal à la Barre ducale, prit la parole et invita les membres présents à choisir un administrateur dans l'ordre de la noblesse, quoique les lettres patentes fussent muettes à cet égard. L'assemblée accueillit cette demande.

On nomma pour administrateurs :

Dans la noblesse : le chevalier de Hercé.

Dans la robe : Gournay, avocat, juge royal de Bourgnouvel, et Giffard de la Porte, procureur du roi aux Sièges royaux de Mayenne.

Dans la bourgeoisie : Cheminant, bourgeois.

Dans le commerce : Guyard, marchand de vins en gros, l'un des bienfaiteurs de l'Hôpital, et Benoiste, le jeune, négociant à la Courbe, paroisse de Saint-Martin de Mayenne.

Furent ensuite désignés :

Pour receveur charitable, Dupont de Grandjardin, juge criminel.

Et pour secrétaire-greffier, Cherbonnel, notaire royal.

Le jour même de la nomination des administrateurs dont nous venons de relever les noms, le bureau acceptait l'entrée à l'Hôpital, dès qu'il pourrait être ouvert, d'une première pensionnaire. Il traitait avec Louis Morin, fabricant de toiles à Mayenne, qui désirait y placer sa fille Jeanne. Celle-ci avait vingt-deux ans, était infirme, et son père, voulant lui assurer un asile, lui constituait une rente viagère de 250^{r}. A son entrée, la Commission administrative devait faire remettre à sa pensionnaire un habit neuf, dont le prix ne pouvait être moindre de 40^{r}. L'Hôpital et l'Hôtel-Dieu n'étaient pas alors regardés comme le refuge exclusif des pauvres; ils avaient des pensionnaires de tout rang.

L'évêque avait abandonné gracieusement au nouvel établissement les meubles des bénédictines qui étaient restés dans le couvent, les bestiaux et objets mobiliers servant à l'exploitation des immeubles dépendant de la réserve de la maison. « Donnons, disait le prélat, les « effets, meubles, tant en argenterie qu'autrement, res- « tant à l'ancien monastère de la Madeleine ; consentons « que les administrateurs y fassent tous les changements « et réparations qu'ils jugeront à propos, ce qui sera « d'une grande utilité pour commencer l'Hôpital géné- « ral ».

L'argenterie dont il est parlé consistait sans doute dans les vases sacrés que les bénédictines possédaient dans leur chapelle. Existait-elle encore ? Nous ne le savons pas.

Enfin, le décret de distraction des biens de l'ancien couvent fut signé par l'évêque, le 23 Septembre 1781, et suivi de lettres patentes du roi du mois d'Avril 1782 : Comme nous l'avons déjà dit au chapitre V, la chapelle, les bâtiments, jardins et autres dépendances de la Madeleine, y compris le champ de foire, étaient abandonnés à l'Hôpital général ; quant aux autres biens, ils restaient aux religieuses des Maillets du Mans.

Les travaux d'aménagement furent conduits avec

vigueur, mais, bien avant qu'ils ne fussent entièrement achevés, on ouvrit la maison.

Pierre Despoulains, expert à Mayenne, estimait en l'an XIII, que les réparations à faire encore à l'hôpital coûteraient 10.257 fr. 20. Il est vrai que les bâtiments avaient été très négligés pendant la Révolution. La description suivante en était faite par cet expert :

1. — *Dans le sous-sol*

Trois caves.

2. — *Au rez-de-chaussée*

Réfectoire des enfants, éclairé de deux fenêtres.
Cabinet au bout du réfectoire.
Salle de travail des enfants, éclairée de quatre fenêtres.
Corridor.
Magasin des subsistances, éclairé par une fenêtre.
Cuisine éclairée de deux fenêtres.
Cabinet servant de bureau, éclairé par une fenêtre.
Réfectoire des femmes, éclairé de deux fenêtres.
Salle de travail des femmes, éclairée par trois croisées.
Corridor de cette salle, donnant sur la cour.
Corridor de l'escalier.

3. — *Au premier étage*

Chambre des femmes, à trois croisées.
Chambre de la supérieure, avec balcon sur la cour.
Chambre des enfants.
Chambre du sous-maître lainier.
Corridor.

4. — *Au deuxième étage*

Quatre pièces ; les croisées n'ont pas de vitres.
Corridor.

5. — *Au grenier*

Le grenier est éclairé par trois croisées au nord.

6. — *Dans la cour donnant sur la rue*

Un portail avec une maisonnette de chaque côté, servant l'une de boutique et l'autre de porterie.

7. — *Dans la cour de la ferme*

Les bâtiments des bestiaux, en mauvais état, sont à refaire.

CHAPITRE X

—

Gestion de l'hôpital par des laïques ; on sollicite de l'évêque du Mans quelques religieuses de la Charité de la Chapelle-au-Riboul pour le diriger ; traité fait avec elles. — Direction de Sœur Lhermitte. — Poursuites exercées contre la famille Ouvrard. — Vente par la nation de partie des biens de l'hôpital.

Mayenne possédait bien un Hôpital général, mais il s'agissait de le faire administrer, et un personnel convenable fut difficile à grouper. Dans une réunion du Bureau, en 1782, Dupont-Grandjardin disait qu'il lui avait été jusque-là impossible de trouver une directrice ; car on ne songeait alors qu'à avoir des laïques à la tête de la maison. Enfin, deux femmes d'âge mûr consentirent, par esprit de charité, à répondre aux sollicitations du receveur charitable.

Le 15 septembre 1782, Mlle Cherbonnel se chargea provisoirement du gouvernement de l'Hôpital. Elle se recommandait « par sa douceur, son honnêteté, son « zèle aussi éclairé qu'ardent pour le bien et le service « des malheureux ».

Mlle Houdmon fut ensuite adjointe à Mlle Charbonnel. Comme elle était plus capable, elle fut nommée supérieure, mais voulut se retirer, en mars 1784, pour soigner, disait-elle, son père infirme.

Un clerc tonsuré, François-Pierre Baudet, « enseignait

« aux pauvres de l'Hôpital à prier Dieu et le catéchisme,
« aux enfants à lire et à écrire et, au surplus, s'occupait
« de travaux manuels au profit de l'Hôpital ». Il avait
fait l'abandon à l'établissement d'une rente perpétuelle
de 100#, par an [1].

Malgré le dévouement des deux « dames de la Madeleine », elles ne donnaient pas pleine satisfaction, manquaient d'autorité, étaient débordées. Comme le dit
un mémoire du temps, « elles n'avaient pas la clé du
« nouvel édifice », le talent d'administration qui était
nécessaire. Mlle Cherbonnel, se sentant impuissante à
mieux faire, prit aussi le parti de quitter la maison.

Dans leur embarras, les administrateurs songèrent à
demander des religieuses et, de concert avec la municipalité, écrivirent à l'évêque du Mans la lettre suivante :

« Monseigneur, lorsque les demoiselles, qui gouver-
« naient notre Hôpital général, nous eurent annoncé
« leur retraite, nous nous empressâmes de vous faire
« part de cet événement ; nous vous témoignâmes qu'il
« avait ouvert les yeux du public sur les inconvénients
« d'employer des demoiselles libres à la conduite d'un
« pareil établissement. Nous ne vous dissimulâmes
« point que cette nouvelle façon de voir des principaux
« habitants de notre ville et surtout de nos principaux
« bienfaiteurs, nous rendant à nous-mêmes, nous lais-
« sait les maîtres de recourir à une congrégation. Nous
« sollicitâmes, auprès de votre bienfaisance accoutumée
« envers notre maison, une nouvelle marque de faveur.
« Nous la priâmes de concourir avec nous, pour obtenir
« des sœurs que nous ne voulions recevoir que de
« votre main.

« Assurément, votre diocèse nous offrait à cet égard

____

[1] Voir contrat devant de la Bécannière et Cherbonnel, notaires à Mayenne, du 30 Avril 1782.

« tous les secours que nous pouvions désirer. Nous
« avons, à côté de nous, une congrégation (celle des Fil-
« les de la Charité de la Chapelle-au-Riboul), qui fait
« des biens infinis dans notre ville même et dans tou-
« tes les paroisses voisines. Elle a pour nous, sur
« toutes les autres congrégations, cet avantage que
« les sœurs qui la composent sont accoutumées aux
« usages et à la nourriture du pays. Elles sont répan-
« dues dans tous les environs et offrent, par ce moyen,
« une grande facilité pour l'achat des matières premiè-
« res nécessaires à l'entretien de notre manufacture et
« pour le débouché de ses produits. Et, plus que tout
« cela, elle a l'avantage d'être sous votre direction im-
« médiate, ce qui nous assure que, dans le nombre de
« ces sœurs, vous choisirez toujours les plus capables
« de faire prospérer un établissement qui est votre ou-
« vrage.

« Nous vous prions donc, Monseigneur, de vouloir
« bien nous accorder des sœurs de la Chapelle-au-Ri-
« boul pour gouverner notre Hôpital général, et de
« nous les donner le plus promptement possible, car
« nous en avons le besoin le plus urgent.

« Nous sommes avec respect... »

L'évêque se rendit à la prière qui lui était adressée et
autorisa les Filles de la Charité de la Chapelle-au-Riboul
à prendre la direction de la Madeleine.

Il ne s'agissait plus que de traiter avec ces religieuses.
Le Bureau d'administration de l'Hôpital délégua, à cet
effet, le juge Dupont de Grandjardin et l'avocat fiscal
Maupetit, qui se rendirent au couvent de la Chapelle-
au-Riboul, où se trouvait l'abbé Pichon, grand vicaire
du Mans. Ce fut sous ses auspices qu'on signa l'acte
ci-après :

Traité entre les administrateurs de l'Hôpital général de la Madeleine de Mayenne et la supérieure générale et les sœurs de Charité de la congrégation de Sillé-le-Guillaume [1].

« Entre sœur Marie Mailay, supérieure générale des sœurs de Charité de la congrégation de Sillé-le-Guillaume, assistée de sœur Perrine Moraine, première assistante, de sœur Marie Belloche, garde-meuble, de sœur Marie Chanteau, maîtresse des novices, demeurant dans leur Communauté de la Chapelle-au-Riboul, paroisse de la Chapelle-au-Riboul.   D'une part ;

« Et les Administrateurs de l'Hôpital général de la Madeleine de Mayenne, représentés par M. Joseph Dupont de Grandjardin, juge criminel du duché-pairie de Mayenne, et M. Michel-René Maupetit, avocat-général fiscal dudit duché, administrateurs dudit hôpital, suivant les pouvoirs à eux donnés par la délibération du Bureau d'administration, du 4 juillet, présent mois ; lesdits sieurs Dupont et Maupetit demeurant ville et paroisse Notre-Dame, à Mayenne.   D'autre part ;

« A été convenu ce qui suit :

« Et, à cet effet, il a été exposé :

« Que le Bureau d'administration dudit Hôpital général, se trouvant dans la nécessité de pourvoir à l'administration intérieure dudit Hôpital général, a jeté les yeux sur la congrégation des sœurs de la Charité de Sillé-le-Guillaume, pour leur confier le régime et gouvernement de la dite maison ;

« Qu'ils s'y sont portés avec d'autant plus d'empresse-

---

(1) Quoiqu'ayant leur maison-mère à la Chapelle-au-Riboul, les religieuses étaient appelées « Filles de la Charité de Sillé-le-Guillaume », parce que ce titre leur avait été imposé par leur protectrice, Marie-Anne de Bourbon, dite Mademoiselle de Blois, dame de Sillé-le-Guillaume. (V. *l'Ancien Hôtel-Dieu de Mayenne, dit du Saint-Esprit*, page 74).

ment qu'ils connaissent, par expérience, les mœurs et la vie régulière et l'activité de la dite congrégation, dont ils espèrent les plus grands avantages pour l'amélioration et l'accroissement d'un établissement aussi précieux;

« Qu'ils se sont adressés à Monseigneur l'Evêque du Mans, pour obtenir son agrément.

« Que, (sur la réponse de ce respectable prélat que M. l'abbé Pichon, son vicaire général en cette partie et supérieur des Communautés religieuses, était dans ce moment à la Communauté de la Chapelle-au-Riboul, qu'en s'adressant à lui, il satisferait aux demandes du Bureau), lesdits sieurs Dupont de Grandjardin et Maupetit, députés par le Bureau, se sont transportés à la dite Communauté et, en présence de mon dit sieur abbé et de son consentement, après mûre délibération, il a été arrêté ce qui suit, savoir :

Article premier. — Le gouvernement intérieur de l'Hôpital général de Mayenne sera confié, à perpétuité, aux sœurs de ladite congrégation de Sillé, sans que le Bureau d'administration puisse y appeler aucune autre congrégation, ni confier le régime de ladite maison à aucune personne séculière. A cet effet, avant l'entrée des sœurs dans ladite maison, les personnes qui en ont l'administration actuelle seront excluses du gouvernement de ladite maison et n'y auront aucun titre de supériorité. Réciproquement, ladite supérieure générale et ses sœurs assistantes et officières s'obligent, pour ladite Communauté, de fournir, pour le régime et gouvernement dudit Hôpital général, le nombre de sœurs capables qui sera par le Bureau jugé nécessaire pour le desservir.

Article deuxième. — Les sœurs de ladite congrégation s'obligent d'observer et de faire observer les règlements, faits et à faire par l'administration, pour le maintien de l'ordre et le bien-être de ladite maison, sans

cependant entendre assujétir lesdites sœurs à des obser-
vances contraires à la discipline de leur règle et, réciproquement, sans que leur règle particulière puisse préju-
dicier à l'ordre et à l'activité nécessaires à entretenir
dans ledit hôpital.

Article troisième. — Pour la meilleure administration
dudit hôpital, la supérieure de la maison sera seule
chargée, vis-à-vis du Bureau, de toute l'administration
intérieure, d'en veiller toutes les parties, de distribuer
les obédiences particulières à ses sœurs compagnes, de
leur répartir la conduite des pauvres, tant enfants des
deux sexes que vieillards, de les faire instruire des principes de la religion, de surveiller leur travail ainsi que
celui des maîtres-ouvriers, d'infliger aux pauvres les
punitions qu'elle croira nécessaires, sauf, dans le cas de
punitions extraordinaires, à en référer au Bureau, de se
faire rendre, par ses compagnes, le compte de leur obé-
dience particulière, pour elle seule rendre compte au
Bureau de toutes les parties du régime intérieur de la
maison lorsqu'elle en sera requise. Elle seule se chargera
de faire exécuter et d'exécuter ce qui sera réglé par le
Bureau pour l'avantage et le bon ordre de la maison.

Article quatrième. — La supérieure, seule, recevra du
receveur charitable les sommes nécessaires, tant pour
les dépenses journalières de la maison que pour l'entretien des manufactures ; elle ordonnera et fera faire les
provisions ordinaires de ladite maison, achètera les
objets de détail nécessaires à la manufacture, en vendra
les produits ; et, à la fin de chaque mois, elle rendra
compte des sommes reçues et de leur emploi, soit au
receveur charitable, soit à tout autre administrateur
nommé par le Bureau.

Article cinquième. — La supérieure et ses compagnes
seront nourries, logées, chauffées, éclairées, blanchies,
traitées saines et malades, excepté toutefois dans les cas

d'infirmités habituelles qui les mettraient sans espoir de continuer leur service dans ledit hôpital.

Article sixième. — Le Bureau d'administration, pour tenir lieu de vestiaire de la supérieure et de ses compagnes, s'oblige à leur payer par chaque année, savoir : à la supérieure 60^{tt} et à chacune de ses compagnes 50^{tt}, qui leur seront délivrées par le receveur charitable, à la fin de chaque année ou, au cas de sortie, au prorata de leur séjour.

Article septième. — Il sera permis aux dites sœurs de travailler à leur entretien particulier, dans des heures et de manière que le service de la maison n'en puisse souffrir ; il leur sera fourni, aux dépens de la maison, des tabliers de toile, soit pour la cuisine, soit pour le travail des manufactures.

Fait double, sous les seings des parties contractantes, à la Communauté de la Chapelle-au-Riboul, le sixième jour de Juillet, l'an mil sept-cent-quatre-vingt-quatre.

Signé : Pichon, vic. gén. des Com. relig., sœur Marie Mailay, sœur Perrine Moraine, sœur Marie Belloche, sœur Marie Chanteau, J.-F. Dupont, Maupetit.

Ce traité fut ratifié par le Bureau d'administration de l'Hôpital, le 10 juillet 1784, et, le même jour, l'abbé Pichon vint y procéder à l'installation des religieuses qui étaient envoyées à Mayenne.

Sœur Renée Lhermitte fut nommée supérieure ; elle avait pour compagnes sœurs Marie Tirot et Jeanne Moche. Il y eut une prise de possession officielle. On conduisit les religieuses dans les principales pièces de la maison ; les clés leur furent remises, sous réserve de faire ultérieurement inventaire de tous les meubles et objets mobiliers.

La supérieure connaissait bien Mayenne pour avoir administré l'Hôtel-Dieu du Saint-Esprit pendant plusieurs années. C'était une femme intelligente et capable qui, quoiqu'infirme, mit un ordre parfait dans la maison. Les cas d'insoumission y furent rares ; l'ordre y devint parfait. Comme le disait un des administrateurs : « Dans peu de temps, elle fit de rien quelque « chose ». L'économie assura la prospérité de l'établissement ; néanmoins la nourriture était convenable, et l'on voit même dans les comptes de la sœur qu'elle accordait quelques gâteries à ses administrés. Il y figure souvent des distributions de tabac à priser, par lesquelles elle récompensait la docilité et la bonne conduite des vieillards.

L'abbé Mautaint, prêtre-sacristain de l'église de Notre-Dame de Mayenne [1], accepta, le 18 Mars 1787, les fonctions de chapelain de l'hôpital et promit d'en remplir les fonctions gratuitement. Il donna sa démission le 15 décembre suivant. Un prêtre du collège et l'abbé Vengeons, troisième vicaire de Saint-Martin, assurèrent le service. Ce dernier touchait un traitement de 200ᶠ par an.

Un abbé Ligottière fut proposé comme chapelain par sœur Lhermitte ; nous ignorons s'il fut agréé.

Nous trouvons ensuite dans ces fonctions l'abbé Pierre-Auguste Dauverné, né à Soucé, le 11 Mars 1757, prêtre-sacristain de Saint-Martin, qui fut tour à tour curé constitutionel de Notre-Dame de Mayenne et de Bonchamp, près Laval.

(1) Pierre-René Mautaint, sieur de la Gandonnière, docteur de la Faculté d'Angers, était : 1° Fils de Gilles M..., sieur de la Chevalerie, marchand tanneur, et d'Anne Richard, petit-fils de Pierre M..., sieur de la Chevalerie, archer de la Maréchaussée, à Mayenne ; 2° Neveu de René M..., notaire, petit neveu de Michelle M..., qui épousa René Oger de Lablé ; 3° Oncle de : Marie-Anne M..., Anne M..., épouse de René Le Nicolais, Julien M..., marchand-tanneur, marié à Jeanne Morice de la Faburais, Jean-François M..., sieur de la Planche, marchand-tanneur. — Pierre-René Mautaint possédait, en Saint-Baudelle, une maison et un jardin à la Vannerie et la closerie du Plessis.

On estimait, en 1784, le revenu de l'hôpital à 3.000^t par an; et, avec une pareille somme, on pouvait alors subvenir aux besoins d'un certain nombre de pensionnaires. Quelques dépenses de sœur Lhermitte le feront comprendre. Elle paie une paire de sabots 5^s; une douzaine de cuillères de bois 3^s; une journée de puisatier 13^s; une journée de fileuse 2^s 6^d; une journée de lavandière 6^s; une journée d'homme de 7 à 8^s; le ramonage d'une cheminée 3^s; une livre de pois 3^s; une carpe 5^s; une livre de gruau 2^s1/2, etc.

La charité publique, stimulée à la vue des services que rendait l'hôpital, ne tarda pas à en augmenter les ressources.

En 1784, Charles-Joseph Guyard, curé de Bais, charge à son lit de mort André-Siméon Gripon, son vicaire, d'informer ses héritiers qu'ils auront « à donner à l'Hô- « pital général de la Madeleine, la somme de 5.500^t, « pour contribuer au progrès d'un établissement si cher à « l'humanité et si utile à la ville où il est né». Les frères du défunt, François-Louis Guyard, arpenteur-royal, et René Guyard, avocat et procureur du roi en la séné- chaussée de Bourgnouvel, versèrent la somme indiquée, et l'administration de l'hôpital « leur accorda avec plai- « sir une place dans ledit hospice, pour un pauvre d'âge « et de sexe quelconque, qui y serait instruit comme les « autres pauvres; et, si c'était un enfant, il y resterait « jusqu'à l'âge fixé par le règlement ».

En 1786, Michel-Joseph Thoumin des Vauxponts, vicaire général et archidiacre de Dol, fait don d'une somme de 3.000^t à employer à la construction d'un « bâtiment commencé à l'hôpital » [1].

Plus tard, Lebreton, négociant à Laval, et ses sœurs

____

[1] Voir acte devant Bourdon et Cherbonnel, notaires à Mayenne, du 17 novembre 1786.

donneront 4.636# 10° pour trois places à l'hôpital, desti-
nées à deux enfants et à un vieillard.

René Guyard, l'un des bienfaiteurs de l'établissement, s'y était retiré « et y vivait bourgeoisement ». Il fit son testament devant Esnault et Lebrun, notaires à Mayenne, le 6 mai 1789, et laissait toute sa fortune à la maison, « pour le cas où ses héritiers ne se retrouveraient pas ».

Un tronc, destiné à recevoir les aumônes que les per-sonnes charitables voulaient faire à la Madeleine, était placé dans chacune des églises et chapelles de la ville.

Après l'obtention de l'enregistrement des lettres paten-tes de création de l'Hôpital général, l'affaire Gestière avait été reprise par les administrateurs. Ils consultè-rent les premiers avocats de Paris, Tronchet, d'Outre-mont, Babille, qui ne doutaient pas du succès.

L'instance engagée, en 1782, à la Barre ducale de Mayenne, fut ensuite portée au parlement.

Il n'y avait en cause, du côté des défendeurs, que René-Jean-François Ouvrard, lieutenant de l'Election du Mans ; Jean-Baptiste-Pierre-Augustin Ouvrard de Limery ou Lignères, écuyer, valet de la garde-robe du roi, successeur de son frère dans ces fonctions ; et Gabrielle-Anne-Thérèse Ouvrard, qui avait épousé Gabriel-François Chenon de Beaumont, conseiller au siège de l'Election du Mans.

Etienne-Gabriel Ouvrard, officier de la garde-robe du roi, était décédé ; Joseph-François Ouvrard avait quitté le pays sans donner de ses nouvelles.

Les héritiers Ouvrard s'appuyaient sur l'Edit de décembre 1666 qui défendait de faire à l'avenir aucun établissement, collège, monastère, communauté reli-gieuse ou séculière, même sous prétexte d'hospice, sans la permission du roi. Ce motif n'était pas de nature à mettre obstacle à l'exécution du legs de Gestière qui n'avait pas disposé en faveur d'un établissement formé et existant, mais pour la création d'un nouvel établissement qui pouvait, il est vrai, être ou non autorisé.

Les Edits de 1743 et de 1749 qu'ils invoquèrent se trouvaient inapplicables, parce que le testament avait une date authentique antérieure à leur publication ; celui de 1743 était bien fait pour empêcher les dons en faveur des communautés établies aux colonies, mais ne concernait pas la disposition des biens des colonies pour les établissements de la mère-patrie.

Les possesseurs des biens Gestière soulevaient beaucoup d'autres questions moins importantes pour repousser la demande de l'hôpital. Quelques-unes, d'un ordre secondaire, semblaient assez justifiées.

Une difficulté plus grave se présenta et fit échouer en majeure partie les administrateurs. Les legs universels en faveur des hôpitaux étaient, en général, réductibles, et celui de Gestière paraissait d'autant plus susceptible de l'être que l'action de l'Hôpital général de Mayenne survenait tardivement, plus de 40 ans après la mort de La Valette et 30 ans depuis le décès de René Gestière, alors que les fruits et revenus de la succession du planteur de Saint-Domingue avaient été consommés et les biens vendus. Si ses neveux eussent été condamnés à rendre intégralement les biens de la succession, leur ruine était certaine.

Les plaideurs étaient inquiets, de part et d'autre, sur l'issue du procès.

Les héritiers Ouvrard prirent l'initiative d'un arrangement et proposèrent une transaction qui fut acceptée par délibération de l'assemblée générale des différents Corps et Communautés de la ville de Mayenne, le 10 janvier 1783, et un arrêt du Parlement homologua cette délibération le 17 janvier 1784.

Le dispositif de cet arrêt était ainsi conçu :

« Notre dite Cour..., faisant droit au principal, ·

« Ordonne que la délibération du 10 janvier 1783 sera exécutée selon sa forme et teneur, ce faisant, que le legs universel, porté au testament de Gestière-La Valette du 10 septembre 1741, sera et demeurera réduit à la somme de 30.000ᵗ ; en conséquence, condamne les consorts Ouvrard, pour leur part et portion dans la succession de leur mère, seule héritière dudit Gestière-La Valette, solidairement et hypothécairement pour le tout, à payer aux administrateurs de l'Hôpital général de Mayenne ladite somme de 30.000ᵗ, avec les intérêts à compter du 10 février 1782.

« Sur les autres demandes, fins et conclusions des parties, les met hors de cause.

« Condamne les consorts Ouvrard aux dépens des causes principales de l'appel... »

L'affaire était terminée et l'hôpital dut se contenter de ces 30.000ᵗ.

Quel fut le sort des autres legs de Gestière-La Valette? de celui fait aux prêtres de Saint-Martin ? car la délibération du 10 janvier 1783 « déclarait décharger lesdits « sieurs Ouvrard et de Beaumont de l'effet du testament « de Gestière, en tant seulement qu'il avait pour objet les « intérêts de l'Hôpital général. » Aucun document ne nous permet de croire qu'ils furent exécutés. La prescription était alors acquise à la famille Ouvrard. Il avait déjà fallu, pour obtenir l'arrêt de 1784, toute l'énergie et l'intelligence des administrateurs de l'hôpital et de la municipalité, et l'aide de protecteurs puissants, parmi lesquels se trouvait l'évêque du Mans.

On employa la somme de 30.000ᵗ à la construction d'un grand bâtiment à la Madeleine.

Les biens dépendant de l'Hôpital général et ceux ayant appartenu aux bénédictines de l'Assomption, dont distraction avait été faite en faveur du couvent

des Maillets, furent, à la Révolution, presque tous vendus par la Nation. La désignation des adjudications
prononcées par les membres du Directoire du District de
Mayenne ne permet pas de les identifier tous très exactement avec ceux qui ont été cités au cours de cette étude.

On vendit :

1° A René Richer, maître de poste à Mayenne, le bordage de la Ménardière, en Saint-Martin de Mayenne, le
15 mars 1791, pour 10.200ᵗ.

2° Le 28 frimaire an III (18 décembre 1794), pour
5.600ᵗ, à Tripier, de Mayenne, le Champ de la Rue ;
« côtoyant, vers le levant, une rue d'exploitation, au
« couchant, un champ appartenant à Chabrun, boutant,
« vers le nord ladite rue d'exploitation, et, au midi, le
« chemin de Mayenne à Oisseau. »

3° A Pierre Betton, marchand à Mayenne, le même
jour, moyennant 1.325ᵗ, « le champ de la Vallée, conte-
« nant cinq déciares (décares) (1), boutant, vers le levant
« et le couchant, au champ de Lemoine ; côtoyant, au
« midi, le champ dudit Lemoine et, vers le nord, le
« champ à Tripier. »

4° A Dominique Pottier, marchand à Mayenne, pour
4.400ᵗ, le même jour, « le Champ-Jacques, boutant,
« d'un bout, au chemin de Mayenne à Oisseau; d'autre
« bout, au champ Chabrun-Carlière ; côtoyant, vers
« midi, le champ à d'Argencé; d'autre côté, le champ à
« Lemoine. »

5° A Pierre Soricul, sus-nommé, le même jour, pour
3.300ᵗ, « la moitié d'une pièce de terre, nommée les
« Petits-Champs, se trouvant du côté de la pièce de terre
« nommée le Jardin-des-Ladres. »

6° Au même, le même jour, moyennant 3.450ᵗ, « l'au-

(1) Le rédacteur des procès-verbaux d'adjudication, peu familiarisé avec
le système métrique, écrivait déclare pour décare (dix ares), dénomination
qui du reste n'a pas été admise par l'usage.

« tre moitié de la pièce, nommée les Petits-Champs, sè
« trouvant au couchant vers la pièce de terre nommée
« le Champ-Long. »

7° A Jean Pottier, marchand à Mayenne, le même
jour, pour 5.225 $^{#}$, le « Champ-Long, contenant six décia-
« res (décares); côtoyant, vers le nord, le chemin de
« Mayenne à Oisseau ; vers le midi, le Champ de Chas-
« teloger; boutant, vers le couchant, et côtoyant, vers
« le midi, les champs de la ferme de Bras, et, vers le
« levant, les Petits-Champs. »

8° Le 9 nivôse an III (29 décembre 1794), pour 1.200 $^{#}$,
à Pierre Sorieul, boucher à Mayenne, « une pièce de terre
« en labour nommée le Jardin-des-Ladres, contenant
« quatre déciares (décares), côtoyant vers le levant et
« le midi les champs des enfants Girard, boutant vers
« le nord le chemin de Mayenne à Oisseau. »

9° Le même jour, pour 6.100 $^{#}$, à René Barré, marchand
à Mayenne, « le pré du Regard-des-Fontaines, contenant
« où récolter trois milliers de foin ; lequel boute, vers le
« levant, le champ de Chasteloger et le pré à Gandais,
« d'autre bout le chemin de Mayenne à Ernée, côtoie, vers
« midi, le champ de Gougis, et vers le nord, le champ de
« Chasteloger. »

10° A Michel Grandin et à René Hoyau, la closerie du
Moulin-des-Vaux, en Champéon, le 31 décembre 1792,
moyennant 4.050 $^{#}$.

Les maisons et jardins du Pressoir ne furent vendus
que plus tard.

René Richer, acquéreur du bordage de la Ménardière,
l'avait tenu à ferme et payait annuellement 430 $^{#}$, ainsi
qu'il appert d'un procès-verbal d'adjudication devant
Joseph-Marie Esnault, notaire royal à Mayenne, du 19
octobre 1779. Un bordage, dit de la Petite-Mesnardière,
sis également au faubourg Saint-Martin, fut l'objet d'une
vente par Suzanne-Philippe Guillard, veuve de Chris-

tophe-Charles-Julien Gallery de la Servière, à Jean Sorieul, fabricant de mouchoirs à Mayenne, suivant contrat devant Foucqueron, notaire à Alençon, le 30 janvier 1808. Le prix était de 5.925 fr. 92. Il s'agissait sans doute de la propriété qui avait appartenu aux bénédictines de la Madeleine.

La closerie du Moulin-des-Vaux était louée moyennant un fermage annuel de 80# en espèces, plus la dîme, s'élevant à 17# 5s, et l'impôt qui était de 30# 4s.

Le mobilier de l'hôpital ne fut pas aliéné. Le Directoire du district réclama l'argenterie de la chapelle, mais la supérieure lui répondit, le 16 octobre 1792, qu'il n'y restait qu'un calice.

En 1795, la municipalité craignit que la Nation n'aliénât le pré de la Madeleine et fit des démarches pour qu'il fût conservé à l'hôpital : le citoyen Louis Chesnais[1] se proposait alors de le soumissionner. Le Conseil général de Mayenne écrivit, le 19 prairial an III (7 Juin 1795), au Conventionnel Bissy afin de réclamer son appui et adressa dans ce but une pétition à la même époque. « On reçoit dans l'hôpital, était-il dit dans cette dernière pièce, des enfants depuis huit jusqu'à douze ans et ils en sortent après y avoir appris divers métiers ; ils sont occupés particulièrement à fabriquer de la toile, des mouchoirs et siamoises. Il n'y a que deux ans qu'on y a établi ces deux dernières productions et branches d'industrie. Cet établissement, où on entretient l'enfance dans l'amour du travail, ne se soutient que par une stricte économie, mariée avec le bénéfice qui résulte des

---

[1] Louis Chesnais, négociant, avait épousé Anne Desjardins, en 1790, et en eut deux enfants, Louis et Anne-Félicité. Anne Desjardins était : 1° Fille de Charles Desjardins et d'Anne Garel, petite-fille de François Desjardins ; 2° Sœur de : Françoise Desjardins, épouse de Jean Foucher ; Marie-Charlotte Desjardins, mariée à François-Jacques Hédou-Lalande ; Adélaïde Desjardins, épouse de Jean-Baptiste-Antoine Duhomme ; Elisabeth Desjardins, mariée à P. Migoret-Lamberdière.

objets manufacturés. Un pré de peu d'étendue, mais précieux par sa position devant la maison, y était annexé avant le décret qui ordonne que les biens affectés aux hôpitaux seraient assimilés aux autres biens nationaux et pourraient être vendus. Ce pré présente la possibilité d'y établir une blanchisserie pour les toiles de coton et les mouchoirs, siamoises, qui vivifient cet établissement, mais qu'on ne pourra plus fabriquer par l'impossibilité d'user d'un fort courant d'eau (le ruisseau d'Amourette) qui est au milieu du pré, s'il vient à être aliéné... »

Les réclamations de la ville furent écoutées; le pré ne fut pas vendu.

CHAPITRE XI

—

L'Hôpital de la Madeleine périclita pendant la Révolution. L'effervescence du dehors pénétrait dans l'établissement et l'insoumission y devint générale, à tel point
que la supérieure, sœur Lhermitte, dut se retirer le 1ᵉʳ
Juillet 1791. Elle revint, il est vrai, à Mayenne le 24 du
même mois, mais déclara à la municipalité, le 27 :

« Qu'elle n'était de retour que pour rendre ses comp-
« tes ;

« Que son intention était de repartir le samedi 1ᵉʳ
« Octobre ;

« Qu'il lui était impossible de rester dans une maison
« dont les portes étaient toujours ouvertes et où les en-
« fants sortaient sans permission, à chaque instant, com-
« muniquant sans cesse avec leurs parents et amis du
« dehors qui pillaient la maison ;

« Que ce désordre ne pouvait qu'augmenter par la
« suite, puisque, sous prétexte d'aller à l'église, les maî-
« tres, les enfants et les sœurs étaient souvent hors de
« la maison, non seulement les jours de fêtes et diman-
« ches, mais encore les jours ouvrables ;

« Qu'il n'y avait plus aucune subordination ;

« Qu'il ne lui était possible de rester dans la maison
« qu'à la condition que la municipalité se chargerait de
« faire dire, à l'hôpital, une messe, tous les dimanches
« et jours de fête ;

« Qu'il y avait lieu de faire un règlement provisoire,
« portant défense expresse à tous les enfants, maîtres
« d'ateliers et autres de sortir, sous quelque prétexte que
« ce fût, sans une permission expresse de la municipa-
« lité, — d'établir des punitions pour les délits, qui
« seraient infligées par la municipalité, lors de ses visites
« fréquentes ».

Les cérémonies du culte avaient été supprimées à la
Madeleine, et la supérieure se refusait à laisser aller le
personnel de la maison à l'église de Saint-Martin, dont
le curé avait prêté le serment constitutionnel. Elle exi-
geait un chapelain orthodoxe pour l'hôpital, si on voulait qu'elle y restât.

L'Hôtel de ville accorda tout à sœur Lhermitte pour
la faire rentrer. Cette religieuse s'imposait ; on avait un
besoin impérieux de ses services.

Les officiers municipaux reconnurent la justesse de
ses réclamations et choisirent, le 1er Octobre 1791, l'abbé
Julien Jardin, prêtre insermenté, pour célébrer la messe
dans l'établissement, « les portes de l'église, commu-
« niquant avec le dehors, étant fermées et sans que la
« messe fût sonnée. » Il lui était alloué un traitement de
250 par an.

L'exercice de ce chapelain de la Madeleine fut de
courte durée. Il ne se borna point, comme on le lui
avait prescrit, à dire la messe, voulut confesser et
remplir les autres devoirs de sa charge, ce qui jeta la
municipalité dans l'embarras.

Le 6 Octobre 1791, les officiers municipaux écrivaient
aux administrateurs du Directoire du Département de
la Mayenne ce qui suit :

« Avant la Révolution, il y avait dans la maison un chapelain salarié pour y célébrer l'office divin, instruire les enfants dans la religion, mais la différence de manière de penser de sœur supérieure d'avec celle du chapelain (Dauverné) [1], qui y disait la messe, dérangea la maison depuis le mois de Juin. M. le curé constitutionel de Saint-Martin (Jean-René Carré) [2] avait été consulté verbalement sur le choix de l'abbé Jardin à cette fonction et ne l'avait pas improuvé d'abord, mais ensuite, craignant que malgré les ordres exprès donnés par la municipalité à M. Jardin de dire sa messe, les portes closes, sans y confesser, ni faire aucune fonction à lui défendue par la loi, il ne veut plus consentir à cet arrangement.

« Si la municipalité eût eu le pouvoir de choisir des sujets capables de conduire la maison, dont la façon de penser eût été conforme à la loi sur le serment des constitutionnaires publics, elle n'aurait pas balancé un seul instant à renvoyer les sœurs, pour les remplacer par d'autres qui auraient consenti à entendre la messe d'un prêtre soumis à cette loi ; malheureusement, elle n'en avait point pour l'instant à sa disposition, et d'ailleurs il n'y a pas un seul prêtre constitutionel qui puisse être chargé de cette fonction.

« Les mesures que la municipalité avait prises par sa délibération du 1er octobre ne sont donc que provisoires ; elle n'avait ni des personnes capables pour gouverner la maison, ni un prêtre assermenté à y établir pour chapelain. Il fallait rétablir l'ordre dans la maison et la préserver du pillage et maintenir la supérieure dans ses

(1) Jean-René Carré, né à Saint-Martin de Mayenne, le 6 Janvier 1743.
(2) Pierre-Auguste Dauverné, né à Soucé, le 11 mars 1757, alors prêtre-sacristain de l'église de Saint-Martin, devint curé constitutionnel de Notre-Dame de Mayenne.

fonctions qu'elle a remplies dans les hôpitaux de la ville avec l'approbation des citoyens. »

Le service religieux d'un prêtre « jureur » ne fut pas organisé à la Madeleine et sœur Lhermitte y resta. En outre, le Conseil général de la commune lui donna en partie satisfaction, en faisant publier l'arrêté suivant, qui fut pris le 28 Décembre 1791.

Article premier. — Il ne pourra être reçu gratuitement à l'Hôpital général de la Madeleine aucun enfant, s'il n'est présenté par ses parents les plus proches, tuteur ou curateur, ou, à leur défaut, par plusieurs amis, qui, au nom des enfants prendront l'engagement de les laisser, après leur admission, savoir : les garçons jusqu'à l'âge de dix-huit ans accomplis, les filles jusqu'à leur seizième année révolue.

Article deuxième. — Pourront néanmoins les garçons sortir avant cet âge, s'ils ont fabriqué au profit de la maison, ou mille aunes de toile dans les largeurs en usage dans le pays, ou deux mille aunes d'étoffe en laine ou coton ; à l'effet de quoi, il sera tenu par la supérieure de la maison un registre où seront désignées la quantité et l'espèce des fabrications faites par chacun des garçons admis gratuitement dans la maison. L'enfant aura un registre pareil pour lui sur lequel, à mesure de la fabrication, il sera reporté, par la supérieure, la quantité et l'espèce qu'il aura fabriquées ; et, cette obligation remplie, le garçon qui y aura satisfait pourra requérir sa sortie, le certificat de son travail, de sa bonne conduite, l'habillement et ce qui a été d'usage d'accorder à ceux qui ont rempli leur temps.

Article troisième. — Les filles, qui par leur bonne conduite, leur activité se seront rendues recommandables, pourront obtenir de sortir de la maison avant l'âge ci-dessus fixé, mais non avant quinze ans, pourvu qu'outre leur bonne conduite, elles soient assurées d'une retraite chez leurs parents ou qu'elles soient demandées par des citoyens connus qui se chargeraient de les prendre et de les occuper. Elles obtiendront également, dans ce cas, à leur sortie, un habillement, un rouet ; mais le consentement, pour cette sortie avant l'âge, ne pourra être donné que par la municipalité, d'après le compte qui lui sera rendu par la supérieure et les administrateurs ; et il en sera dressé une délibération motivée, qui servira de titre de recommandation au sujet qui aura obtenu ce témoignage du corps municipal.

Article quatrième. — Dorénavant, l'âge pour recevoir à l'hôpital les orphelins sera de huit ans accomplis ; il n'en pourra être reçu gratuitement au-dessous de cet âge, que dans des circonstances dont la gravité sera jugée par la municipalité, après avoir entendu les administrateurs et la supérieure de la maison ; comme aussi, il n'en pourra être reçu au-dessus de douze ans révolus.

Article cinquième. — Il sera tenu à la municipalité un registre particulier, sur lequel seront inscrites de suite les admissions des enfants à l'hôpital ; les parents, tuteur, curateur ou amis qui présenteront lesdits enfants signeront sur le registre, et, s'ils ne le savent, il en sera dressé acte devant notaire ; le tout pour servir de preuve de l'engagement qu'ils contractent pour les enfants de se conformer au présent règlement, pour le temps du séjour des enfants. Il sera fait un double de la réception, qui sera donné auxdits parents ; en tête de ce double sera copié en entier le présent règlement.

Article sixième. — Les parents qui présenteront des enfants prendront aussi pour eux l'obligation de les laisser à l'hôpital jusqu'à l'âge ou l'achèvement des aunes de toile ou d'étoffe ci-dessus fixés, de ne pouvoir les recevoir chez eux s'ils s'évadaient, de donner s'ils en sont instruits connaissance du lieu de leur retraite. Dans le cas où ils recevraient chez eux lesdits enfants avant l'exécution ci-dessus ou qu'il serait prouvé qu'ils les auraient conseillés de s'évader ou leur en auraient facilité les moyens, ils s'obligeront à payer, pour les garçons, quatre sols par chaque aune de toile ou deux sols par chaque aune d'étoffe, dont seraient en déficit lesdits enfants évadés, et, pour les filles, soixante livres par chacune des années qui resteront à finir. Dans le cas d'insolvabilité des parents, tuteur, curateur et amis, les enfants qui se seraient ainsi évadés pourront être poursuivis par devant juges compétents, pour être condamnés à remplir leur temps ou à dédommager la maison sur le pied ci-dessus fixé.

Article septième. — D'ailleurs les enfants se conformeront, dans l'intérieur de la maison, au règlement pour les heures du lever, des prières, des exercices de piété, des instructions, de travail ; ils porteront aux sœurs, instituées pour la conduite de la maison, l'obéissance, la soumission et le respect ; ils avertiront lesdites sœurs des dégâts, torts, pertes, soustractions de denrées, marchandises, ustensiles dont ils auront connaissance, à peine d'en répondre en leur nom, si, témoins ou instruits de ces faits et après avoir fait leur possible pour les arrêter, ils ne prévenaient pas, ou les sœurs, ou les administrateurs. Les enfants doivent user avec économie de tout ce qui est destiné à leur nourriture, ménager leurs vêtements, ne rien dégrader dans la maison.

Article huitième. — L'enfant admis sera nourri, vêtu, blanchi dans la maison, instruit des principes de la religion ; on lui apprendra à lire, à écrire, même à compter ; il sera montré pour les travaux qu'il est d'usage de faire dans la maison, soit pour la toile, soit pour des étoffes de laine ou coton, à préparer les teintures des matières. Les filles, outre la même connaissance commune pour apprendre leur religion, seront montrées à lire, écrire et compter, seront mises à la filature du lin, du coton, du chanvre ; il leur sera montré à coudre et à faire d'autres ouvrages de leur sexe.

Article neuvième. — Dans le cas de plainte d'inexécution des obligations ci-dessus de la part des sœurs instituées à régir ladite maison, les parents pourront les porter, soit aux administrateurs, soit à la municipalité, qui fera examiner les délits, plaintes et y pourvoira, si elles sont fondées ; on fera punir les enfants qui se plaindraient sans sujet.

Grâce à la fermeté de sœur Lhermitte, l'ordre put être à peu près maintenu à l'hôpital, mais c'en était fait de sa prospérité. Deux ans se passèrent ainsi, dans une paix relative, lorsque le Comité de surveillance de Mayenne s'avisa de mettre en demeure la municipalité d'exécuter la loi du 30 septembre 1793, concernant la prestation du serment. Les officiers municipaux écrivirent alors aux sœurs de la Madeleine, le 15 pluviose an II (3 février 1794) : « ... La municipalité vous prie de vous rendre demain, sur les neuf heures du matin, à la Maison commune, pour y faire le serment exigé par la loi. Nous espérons assez de votre patriotisme pour croire que vous ne refuserez pas de le prêter. » La formule du serment dont il s'agissait était ainsi conçue : « Vous jurez et affirmez d'être fidèle à la nation, à la loi, de maintenir la liberté, l'égalité et la République une et indivisible ».

Sœur Lhermitte et ses deux compagnes se firent sans doute scrupule d'accorder cette promesse solennelle, car, dans la nuit du 18 au 19 pluviose an II (6 au 7 février 1794), elles s'enfuirent de l'établissement.

Le Conseil général de la commune les remplaça immédiatement par une ancienne religieuse bénédictine de Lassay, Louise Cherbonnier, dite Bois-Roux, née à Saint-Martin, qui habitait depuis le 7 octobre 1792, à Mayenne, au carrefour de l'Hôtel-Dieu du Saint-Esprit, chez sa cousine, la veuve Gilbert-Sinval, et par deux laïques, les citoyennes Françoise Blottière et Hortense Chevrie. Louise Cherbonnier avait prêté tous les serments qui lui avaient été demandés ; elle était âgée de 66 ans.

Sœur Lhermitte écrivit aux administrateurs de l'hôpital la lettre qui suit, le 29 prairial an II (17 mai 1794) :

« Citoyens administrateurs,

« Appelée, en 1774, à l'hospice des malades, (Hôtel-Dieu du Saint-Esprit), comme supérieure, ayant quitté cette maison, en 1784, pour passer en la même qualité à celle de la Madeleine, dite Hôpital général, en étant sortie, en 1791, par des événements qui vous sont connus, j'y laissai un montant de plus de 30.000^{tt} après avoir commencé avec 3.000^{tt}.

Rappelée, il y a deux ans et plus, à votre réquisition et, ayant continué de gouverner comme par le passé, je me suis trouvée (j'en appelle à votre témoignage) hors d'état de continuer le gouvernement, vu l'insubordination qui continuait de régner, et dont je vous avais auparavant prévenus, sans que votre volonté ait pu parvenir à y remédier.

« Je vous prie, en conséquence, d'accepter ma démission et de me donner une décharge, pour que je puisse passer de suite dans une autre maison, où je suis invitée à me rendre, pour continuer l'établissement d'un hôpital.

Signé : Sœur Lhermitte. »

La religieuse ne se vantait pas lorsqu'elle parlait de la prospérité dans laquelle elle avait laissé l'hôpital. Nous lisons dans un document de la fin du xviiie siècle :

« Étant forcée de sortir (de l'hôpital) pour cause que tout le monde sait, elle laissa un actif de plus de 30.000[#], constaté par un inventaire, qui, à cette époque, ne fut pas fait pour la faire briller, et pourtant 45 à 50 individus étaient à la charge de la maison.

« Lors du passage des Rebelles de la Vendée par cette ville de Mayenne (en novembre 1793), sœur Lhermitte avait chargé Michel Taupin, maître tisserand de l'hôpital, de cacher en terre une somme de 1.800[#] en espèces, pour éviter qu'elle fût prise par lesdits Rebelles, ce qu'il fit exactement. » La religieuse craignait d'être emprisonnée ou obligée de s'enfuir. Taupin remit intégralement les 1.800[#] au citoyen Maupetit, le 9 messidor an II (27 juin 1794), conformément aux instructions de sœur Lhermitte.

Louise Cherbonnier, l'ancienne bénédictine, ne resta probablement pas longtemps à la tête de la maison, car, dès le mois de juillet 1794, nous y voyons son homonyme et peut-être sa parente, Jeanne-Anne-Noële Cherbonnier, qui épousa Louis-Toussaint-Julien Loppé [1].

Françoise Blottière se retira au cours du mois de juillet, « parce que sa faible santé ne lui permettait pas de conserver ses fonctions. »

Les gages de la directrice de la Madeleine furent portés à 150 fr. par an et celui de ses « coopératrices » à 100 fr.

Le désordre persistait dans l'établissement, malgré les règlements et les menaces qui étaient adressées aux vieillards et aux enfants.

L'état financier de la maison devenait aussi des plus

---

(1) Louis-Toussaint-Julien Loppé, fils d'Yves Loppé, hôte, décédé à Rennes, en 1790, et de Jeanne-Marie Bourgeois. — Jeanne-Anne-Noële Cherbonnier était née du mariage de René-Michel Cherbonnier, marchand de fils et de toiles, et de Jeanne Lemarié.

fâcheux. Les officiers municipaux écrivaient au Conventionnel Bissy, le 30 floréal, an II (19 mai 1794) :

« **Citoyen représentant,**

« Nous avons reçu tes deux lettres, en date des 23 germinal et floréal ; par la première, tu nous marques que la citoyenne Cherbonnier t'a fait part de la triste situation de l'Hôpital général de la Madeleine et tu nous engages à te faire passer une pétition au ministre, pour en obtenir des secours. La citoyenne Cherbonnier ne t'a point trompé, parce que cet hôpital a réellement éprouvé des pertes considérables sur les marchandises occasionnées par le « maximum ». Cet hôpital a encore été pillé par les Rebelles (les Vendéens), lors de leur passage dans notre commune. Toutes ces pertes sont cause que nous ne pouvons, en ce moment, faire entrer en cette maison un grand nombre de malheureux, qui désireraient bien y être, et nous pouvons t'assurer qu'il est impossible que cette maison puisse subsister longtemps, si elle n'est promptement secourue. Tu verras par la pétition que nous te faisons passer les pertes qu'elle a souffertes... »

Par décision du 28 brumaire (18 décembre 1794), il fut seulement accordé à l'hôpital 200 livres d'indigo, à prendre à Nantes, dans les magasins du Commerce et des Approvisionnements de la République.

Nous venons de voir que le Conseil général de la commune de Mayenne se plaignait du pillage de l'Hôpital par les Rebelles. Il est certain que l'armée vendéenne, comme toute troupe peu disciplinée et mal approvisionnée, se livra à de nombreuses déprédations, lors de son passage dans notre contrée. Du reste, dans les guerres civiles l'homme n'a plus de frein et s'abandonne aisément à ses sentiments de vengeance. Les frères ennemis sont impitoyables et les plus grands excès ne paraissent à leurs yeux que de légitimes représailles. De leur côté, les soldats de la République n'étaient pas non plus impeccables ; nous avons eu l'occasion de parler de leurs brigandages, qui désolaient les campagnes [1]. Les représentants de l'autorité ne dédaignaient pas non plus d'y participer parfois en personne, et, sous ce rapport, l'attaque, qui eut lieu, le 17 février 1792, du château du Val, situé commune du Ribay, par le maire de Javron et une vingtaine de ses administrés, est demeurée célèbre dans notre pays. On assaillit l'habitation à main armée, de trois côtés. Il y eut bris de portes, fracture de meubles, lacérations, vol d'argent, de vin, de linge, réquisition sous menace de mort, festoyement aux crêpes et sans aucun doute, grande beuverie [2].

A la Madeleine, l'insubordination était devenue à son comble en 1795. Du mois de février au mois de juin, quantité d'enfants, débauchés par des lainiers de la ville, avaient déserté l'hôpital. La citoyenne Cherbonnier en signale un, le 1er pluviose (20 janvier) ; deux, le 8 ventôse (26 février) ; un, le 1er germinal (21 mars) ; un, le 28 du même mois (17 avril) ; deux, le 1er floréal (20 avril) ; un, le 20 du même mois, un autre le 28 ; deux, le 7 prairial, (26 mai) ; quatre, le 14 du même mois. « Ces désertions, disait la directrice, sont très nuisibles à la maison, qui a élevé ces enfants et qui lui ont coûté considérablement jusqu'au moment où ils ont commencé à travailler. Si ces désertions n'étaient pas réprimées, tous les enfants s'en iraient quand ils sauraient travailler ; en quoi ils seraient favorisés par les tisserands, sergiers, lainiers de la ville et de la campagne qui les enleveraient de l'hôpital, au moment où celui-ci

---

(1) V. *Souvenirs du Vieux-Mayenne*, pages 366 et s.

(2) On trouvera en Appendice, note C, le procès-verbal de ce pillage, dressé par les officiers municipaux du Ribay.

pourrait en espérer une légère indemnité de ses dépenses, ce qui entraînerait sa ruine. »

Le Conseil général de la commune arrêta :

« Que les enfants seraient saisis par la gendarmerie
« et reconduits à l'hôpital, d'où ils ne pourraient quitter
« qu'au temps fixé par le règlement.

« Que les maîtres, qui avaient retiré les enfants et sans
« doute excité à déserter, seraient traduits en justice,
« pour être condamnés aux peines prononcées par le
« règlement, en ce qui concerne ceux qui soutirent les
« ouvriers et prennent des jeunes gens sans acquit de
« leur maître d'apprentissage. »

Jeanne Cherbonnier finit par éprouver aussi le sentiment de découragement qui avait fait abandonner l'hôpital par les précédentes directrices. Elle fut suppliée de rester à son poste, mais on dut finalement la remplacer en 1798.

L'administration allait être contrainte de reprendre des religieuses.

CHAPITRE XII

Désordre et insoumission du personnel de l'hôpital.
— Retour de Sœur Lhermitte ; son administration
énergique ; elle se retire définitivement en 1803.
— Règlement du 11 février 1803. — Rétablissement du culte dans la chapelle de la Madeleine
en 1808.

Quelques passages d'un rapport du temps montreront
l'état d'anarchie dans lequel se trouvait l'Hôpital.

« Après le départ de sœur Lhermitte, y est-il dit, l'administration l'avait remplacée, ainsi que les autres
sœurs, par des laïques, qui, peut-être avec la même
bonne volonté, n'eurent pas les mêmes connaissances.
D'ailleurs le mot de liberté était prononcé hautement
par tous les subordonnés et, dans moins de quatre ans,
cet hospice remonta à son origine et les chefs prièrent
d'en nommer d'autres à leur place, n'ayant aucun
moyen de faire subsister la maison.

« C'est alors qu'on fit de nouvelles réflexions pour
essayer de ne pas laisser fermer une porte aussi utile
aux indigents.

« On fit de nouvelles démarches vers les mêmes sœurs
de charité, qui avaient été contraintes de se retirer, et on
en obtint trois qui y entrèrent. Celle qui était en chef
demanda à faire une quête générale ; l'hospice manquant de tout, particulièrement de pain.

« L'insubordination et la fainéantise, qui dominaient
dans la maison, donnèrent différentes tablatures à la

supérieure qui, ayant un faible tempéramment, ne fut pas longtemps sans tomber malade et, à ce moyen, forcée de rentrer dans sa famille.

« Les deux sœurs qui la secondaient restèrent quelque temps seules et paraissaient gouverner de concert. Ennuyées de le faire, elles demandèrent un chef à l'administration, disant qu'autrement elles se retireraient aussi.

« C'est alors qu'on apprit que sœur Lhermitte existait encore. On lui écrivit de manière à la forcer de se rendre aux engagements pressants qu'on lui faisait. Le désir de faire le bien et l'attache qu'elle avait pour l'hospice, qu'elle avait en quelque sorte créé, lui firent oublier son âge et les infirmités qui le suivaient.

« Arrivée à son ancien poste, elle crut pouvoir reprendre son ancienne marche et qu'elle serait secondée par ses deux compagnes, qui avaient paru désirer un chef à leur tête. Quelle fut sa surprise et celle de certain administrateur, qui se croyait bien instruit, de voir que ces deux sœurs la reçurent froidement, que les autres subordonnés lui montrèrent de l'indépendance et de l'insubordination, sous les yeux mêmes de ces deux sœurs qui y paraissaient plus qu'indifférentes.

« De là s'ensuivirent insolence et défaut de travail chez les enfants et insubordination générale, qui força la supérieure à faire de prudentes représentations qui, n'ayant point été prises en considération, la mirent dans la nécessité d'offrir sa démission. »

L'administration n'accepta pas cette démission.

Sœur Lhermitte, malgré son grand âge et ses infirmités, était énergique et tenace et vit peu à peu le calme et l'ordre rétablis à l'hôpital. Ce ne fut que le 2 messidor an XI (21 juin 1803) qu'elle se trouva dans la nécessité absolue d'abandonner son poste ; sa santé ne lui permettait plus de travailler.

Sœur Chanteau, qui était alors Supérieure de l'Hôtel-Dieu du Saint-Esprit, présenta à l'administration des hospices de Mayenne Antoinette Gallais pour remplacer sœur Lhermitte. Celle-ci fut agréée et prit possession de ses fonctions le 25 Juin 1803 (6 messidor an XI).

Le désordre avait dû se renouveler à l'hôpital dans la dernière année de l'exercice de sœur Lhermitte, car l'administration jugea à propos de faire un nouveau règlement. L'âge était sans doute venu détremper un peu le caractère viril de la vieille sœur.

Le règlement dont il s'agit porte la date du 22 pluviose an XI (11 février 1803) ; il est ainsi conçu :

« *Article premier.* — Depuis le premier vendémiaire (23 septembre) jusqu'au premier nivôse (22 décembre) de chaque année, on sonnera le lever des enfants à un quart moins de six heures.

« *Article deux.* — Depuis le premier nivôse jusqu'au premier germinal (21 mars), à sept heures moins un quart.

« *Article trois.* — Depuis le premier germinal jusqu'au premier messidor (19 juin), à cinq heures et demie.

« *Article quatre.* — Depuis le premier messidor jusqu'au premier vendémiaire, un quart moins de cinq heures.

« *Article cinq.* — On aura un quart d'heure pour le lever et l'habiller, au bout duquel on sonnera la prière ; et tout le monde s'y rendra vêtu décemment, c'est-à-dire complétement habillé ; aussitôt après la prière, les maîtres iront avec leurs élèves à leur travail.

« *Article six.* — Ils auront, deux fois le jour, la soupe et mangeront du pain de seigle, auront avec leur pain soit de la viande, du fromage, du beurre, des sardines, des harengs ou des pommes cuites, et du cidre ; les vendredis et samedis, soit des racines ou des pois fricassés. On leur donnera, deux fois la semaine, de la soupe grasse avec un morceau de viande à chacun ; ils auront, au souper, tantôt de la bouillie, du gruau ou de la soupe. Les maîtres seront mieux nourris que leurs élèves.

« *Article sept.* — Depuis le premier germinal jusqu'au premier vendémiaire, le déjeuner sera sonné à huit heures, et, depuis le premier vendémiaire jusqu'au premier germinal, à neuf heures.

« *Article huit.* — Après le déjeuner, chacun fera son lit et balayera les appartements qu'il occupe ; s'il reste quelque temps, on ira dans la cour, sous la surveillance des maîtres, se divertir jusqu'à neuf heures, et après, au son de la cloche, tout le monde se rendra au travail.

« *Article neuf.* — Le dîner sera à une heure en tout temps, et, après, chacun pourra aller dans la cour, s'il fait beau, se divertir, et cela, toujours sous la surveillance des maîtres, jusqu'à deux heures que la cloche sonnera pour rappeler au travail.

« *Article dix.* — Le souper, en tout temps, sera à sept heures fixes ; dans les saisons où l'on travaillera, on ne retournera au travail qu'à huit heures et on sonnera la prière à neuf ; et, après la prière, chacun ira se coucher sans tumulte ; les maîtres surveilleront les enfants de manière que tout soit dans la plus grande tranquillité.

« *Article onze.* — Tout le monde mangera au réfectoire, mais à des tables différentes, les maîtres à la même heure que leurs élèves, ainsi que les domestiques ; il sera fait du feu en hiver dans l'appartement qui est au bout dudit réfectoire ; on s'y chauffera, ainsi que dans la salle du poêle, et on n'ira plus dans la cuisine.

« *Article douze.* — L'économe, qui sera chargé de surveiller l'instruction des enfants, leur fera la lecture deux fois le jour, c'est-à-dire à dîner et à souper ; il régnera pendant ce temps le plus grand silence.

« *Article treize.* — Un économe, qui sera désigné par

la supérieure, fera tous les jours aux enfants, une fois, l'après-dîner, le catéchisme ; et aux petits, on leur fera apprendre leur prière.

« *Article quatorze.* — Il y aura, par la suite, un maître qui montrera à lire et à écrire aux enfants qui voudront apprendre. La classe se fera aussi l'après-midi, et l'on prendra l'heure la plus commode, de manière que le travail n'en soit pas gêné.

« *Article quinze.* — Les enfants, tous les dimanches, seront habillés proprement et auront, pour l'hiver, chacun une carmagnole de serge grise, avec un pantalon de même et un gilet de serge blanche avec chacun un col noir et un bonnet de laine jusqu'à seize ans ; ceux dont on sera par la suite content auront un chapeau et des souliers ; à l'été, ils seront habillés en toiles rayées ou grosses siamoises, avec un pantalon et gilet de même.

« *Article seize.* — Les maîtres, le dimanche, seront tenus de les conduire d'une manière décente à la messe et à vêpres, et cela sans qu'aucun enfant puisse vaguer de côté et d'autre dans les rues ; si quelqu'un par hasard se dérangeait, d'aller ou de venir, et faisait des malices noires ou insulterait quelques personnes, les maîtres, sous leur responsabilité, en instruiront la supérieure, qui les fera punir.

« *Article dix-sept.* — Les maîtres, le dimanche, après vêpres, iront avec les enfants à la promenade, jusqu'à cinq heures en hiver et six et demie en été, et auront le soin de les surveiller qu'ils ne se battent pas et n'injurient personne, leur donnant l'autorité de les punir ; l'après-souper en été, ils s'amuseront dans les cours, sans pouvoir sortir, et, après, iront se coucher à neuf heures.

« *Article dix-huit.* — Les enfants, le dimanche, n'iront point en ville courir chez leurs père et mère, ni parents, que par la permission de la supérieure ; si quelqu'un le fait sans qu'elle lui ait permis, il mangera pendant deux jours du pain sec pour la première fois, et la seconde privé du produit de son travail, la troisième de plus grandes peines.

« *Article dix-neuf.* — Les parents des enfants, aux jours de dimanche ou autres jours, ne pourront entrer dans l'intérieur de l'Hôpital de la Madeleine pour parler à leurs enfants et les voir sans la permission de la supérieure ; ils ne pourront pas y rester plus d'une demi-heure ; ceux qui voudraient y rester d'avantage, il est enjoint aux hommes attachés au service de l'hôpital de les renvoyer.

« *Article vingt.* — Le portail et les portes d'entrées seront fermés le soir, depuis le premier germinal jusqu'au premier vendémiaire, à sept heures, et à quatre, depuis le premier vendémiaire jusqu'au premier germinal, de manière que personne ne pourra entrer, après ces heures, sans la permission expresse de la supérieure, à laquelle les clefs seront remises aux heures dites ci-dessus ; il est défendu au portier de laisser sortir personne, excepté les pensionnaires, sans sa permission par écrit, et aussitôt après il lui remettra les clefs.

« *Article vingt-et-un.* — Les enfants auront du respect pour la supérieure et les économes ; ceux qui leur manqueront seront punis suivant les fautes qu'ils auront commises à leur égard et renvoyés s'ils continuent.

« *Article vingt-deux.* — Les enfants obéiront à leurs maîtres, qui seront tenus de rendre compte, toutes les semaines, à la supérieure du travail qu'ils auront fait pour en avoir le salaire ; suivant comme chacun aura travaillé, il en sera tenu registre jour par jour, et ceux qui n'auront rien fait ne seront point payés.

« *Article vingt-trois.* — Les maîtres, domestiques, indigents, qui exciteront des soulèvements dans l'Hôpital de la Madeleine, seront renvoyés sur le champ par l'administration, conformément à la loi du seize messidor an sept (4 juillet 1799).

« *Article vingt-quatre.* — Quand l'administration ira en corps ou séparément, les maîtres, domestiques, enfants et indigents auront tout le respect qui lui est dûe.

« *Article vingt-cinq.* — Les enfants qui escaladeront les murs de l'enclos de la Madeleine pour se sauver seront poursuivis par la gendarmerie aussitôt que l'administration en sera informée, et, étant repris, ils seront mis huit jours en prison, et, si c'est leurs parents qui les aient fait sortir, ils seront punis de pareille peine.

« *Article vingt-six.* — Les maîtres seront tenus de surveiller les enfants et autres, crainte qu'il ne soit volé des laines filées ou en poil, fils, draps, flanelles, toiles et autres marchandises, et, s'ils s'en appercevaient, de dénoncer les coupables à l'administration qui en instruirait le Commissaire du gouvernement, qui les ferait mettre en prison pour être punis suivant la rigueur des lois.

« *Article vingt-sept.* — Les enfants sortiront à dix-huit ans de l'Hôpital, et ceux qui se seront bien comportés et auront bien travaillé auront une récompense en sortant; quand il entrera des enfants audit Hôpital, le présent réglement sera lu à leurs parents. »

Suivent les signatures des administrateurs de l'hôpital : Lefebvre ; Lelièvre ; Larue ; Paillard ; Ponthault.

Le maire Cheminant approuva le vingt-six pluviôse an onze (15 février 1803) [1].

Le culte ne fut rétabli dans la chapelle de la Madeleine qu'en 1808. Vital, curé de Saint-Martin, et Ambroise Sougé, curé de Notre-Dame, se transportèrent, le 14 juillet 1808, à dix heures du matin, « à l'église de l'Hô-

______

[1] On trouvera à l'Appendice, note D, un règlement de l'Hôpital général, du 10 avril 1845.

« pital général de la Madeleine », pour procéder à sa bénédiction solennelle. La permission de faire cette cérémonie avait été accordée, à la demande du curé de Saint-Martin, par de Pidoll, évêque du Mans, le 9 du même mois.

Cette bénédiction eut lieu en présence des membres du Bureau des hospices. Le Sous-préfet s'était excusé de ne pouvoir s'y rendre, « à cause de la multitude de ses « occupations ». Le maire n'y vint pas non plus ; « il avait « une fluxion à la tête ». Ces motifs d'abstention furent regardés comme des prétextes. Les fonctionnaires craignaient de blesser l'esprit irréligieux de quelques habitants qui s'étaient signalés par leur impiété pendant la Révolution.

Du reste, la cérémonie s'accomplit sans plainte ni opposition de qui que ce fût.

L'Hôpital de la Madeleine a été détruit en 1861, lors de la construction du chemin de fer de Laval à Caen [1].

(1) Voir à l'Appendice, note E, un inventaire de quelques pièces intéressant le nouvel hôpital de Mayenne et l'asile des aliénés de la Roche-Gandon.

TROISIÈME PARTIE

LE BUREAU DE CHARITÉ DE MAYENNE

CHAPITRE XIII

—

Règlement du 4 août 1559, intéressant les pauvres. — Organisation d'un bureau de charité ; les chasse-gueux. — Les pauvres étrangers ne reçoivent pas de secours.

Les aumôniers-administrateurs de l'Hôtel-Dieu, dit du Saint-Esprit de Mayenne, s'occupaient seuls primitivement du soulagement des pauvres de la ville. En 1559, leurs attributions furent réduites aux soins moraux et religieux de l'établissement. Des administrateurs spéciaux eurent la gestion des biens et furent chargés de la distribution des aumônes aux indigents : un premier règlement fait le 4 Août 1559 ne tarda pas a être jugé insuffisant et l'on en arrêta un nouveau en 1570. Voici les termes de ce dernier :

« Règlement qu'il conviendra tenir, pour le temps à
« venir, touchant le revenu de la Maison-Dieu et hospital
« de cette ville de Mayenne et la distribution et dé-
« partement des aumônes dudit revenu, — mis et rédigé
« par écrit ès-articles qui s'ensuivent, suivant l'avis des
« manants et habitants de cette ville et paroisses Notre-
« Dame et Saint-Martin de Mayenne, le vingt-huitième
« jour de Janvier mil cinq cent soixante et dix, congré-
« gés et assemblés à cette fin.

« Seront seulement compris en la distribution des
« aumônes qui se feront, par chacune semaine, par le
« Commissaire ou Commissaires élus pour faire la dite

« distribution, les pauvres des paroisses de Notre-Dame
« et Saint-Martin de Mayenne et autres, qui seront trou-
« vés de la qualité ci-après déclarée.

« Que pour régler la dite distribution, par chacune
« semaine, lesdits pauvres se transporteront devers Mon-
« sieur le Juge ou Monsieur son lieutenant, en son
« absence, et Monsieur le procureur de Monseigneur le
« duc de Guise, pour leur remontrer leur pauvreté et
« indigence, et, par leur avis et ordonnance, être reçus
« à la dite aumône, et prendre d'eux, par écrit et sous
« leurs seings, ce qu'ils aviseront et ordonneront être
« distribué, par chacune semaine, aux dits pauvres par
« lesdits Commissaires.

« Quel écrit lesdits pauvres porteront incontinent
« auxdits Commissaires, lesquels en feront liasse, et,
« suivant ledit écrit, feront distribution auxdits pauvres
« de ce qui sera ordonné, et, en cas qu'ils décèdent ou
« que le temps de leur aumône soit limité, inscrire en
« leur papier de distribution le jour de leur décès et
« jour que cessera la distribution de leur aumône.

« Que ladite distribution d'aumônes se fera par
« lesdits commissaires, chacun dimanche, en l'église
« Notre-Dame de cette ville de Mayenne, après la grand
« messe paroissiale, à ceux qui sont compris en ladite
« aumône et qui pourront y aller et non autres per-
« sonnes.

« Et aux autres pauvres, qui seront malades au lit et
« qui ne pourront recevoir en personne ladite distribu-
« tion, lesdits Commissaires la leur enverront par gens
« fidèles.

« Outre, seront tenus lesdits Commissaires distribuer,
« suivant la pauvreté qui se présentera, aux pauvres
« passagers étrangers qu'ils verront bon être, et, à la fin
« de chacune semaine, inscrire en leurs papiers ce qu'ils
« auront distribué par ladite semaine auxdits pauvres

« passagers, dont ils seront crus à leur serment et cons-
« cience en la reddition de leur compte.

« Qu'aucuns pauvres étrangers ne seront reçus audit
« hôpital par le gardien d'icelui plus longtemps qu'une
« nuit, sinon qu'ils soient malades et contraints garder
« le lit.

« Que les pauvres de cette ville et Saint-Martin de
« Mayenne, qui voudront aller ou se faire porter audit
« hôpital, étant malades, seront tenus au précédent
« remontrer ou faire remontrer leur maladie et pauvreté
« à messieurs les officiers et prendre par écrit leur avis
« en ce regard, et, au cas qu'ils soient d'avis qu'ils aillent
« ou soient portés audit hôpital, bailler et porter leur
« avis auxdits Commissaires, qui en feront aussi liasse.
« Et ce fait, seront tenus lesdits Commissaires leur bail-
« ler deniers, par chacune semaine, ou au gardien dudit
« hôpital, ce qui sera ordonné par lesdits officiers pour
« la nourriture desdits pauvres malades, et feront le
« semblable pour le regard des étrangers et passagers,
« qui demeureront malades audit hôpital, quand il sera
« ordonné.

« Que le gardien dudit hôpital ne recevra aucuns
« enfants exposés audit hôpital, sinon par l'avis de mes-
« sieurs les officiers.

« Que néanmoins, sitôt qu'il aura été exposé aucun
« enfant audit hôpital ou autres lieux de cette ville,
« ledit gardien sera tenu en avertir messieurs les offi-
« ciers pour savoir s'ils sont d'avis qu'ils soient nourris
« des deniers du revenu dudit hôpital, et, au cas qu'ils
« en soient d'avis, seront tenus lesdits Commissaires,
« après l'avoir entendu, faire diligences de trouver nour-
« rices et contracter avec elles ou avec leurs maris pour
« la nourriture desdits enfants exposés, suivant l'avis de
« messieurs les officiers, et, suivant icelui, payer le
« salaire constitué pour la nourriture, qui leur sera

« alloué en la reddition de leur compte, faisant appa-
« roir du contrat de l'accord de ladite nourriture et de
« quittances des nourrices ou de leurs maris.

« Que lesdits Commissaires paieront, par chacun an, à
« deux termes, par moitié, à Me Macé de l'Estang, aumô-
« nier titulaire dudit hôpital, la somme de cinquante
« livres tournois pour sa pension, constituée suivant le
« règlement par ci-devant fait avec les prédécesseurs
« aumôniers dudit hôpital.

« Paieront dix-huit livres tournois, par chacun an, en
« cette forme, au gardien dudit hôpital.

« Et ne pourront lesdits Commissaires distribuer, en
« autre forme, les deniers dudit hôpital, sinon qu'ils en
« aient l'avis et ordonnance par écrit de messieurs les
« officiers.

« Que lesdits Commissaires feront faire inventaire des
« biens meubles dudit hôpital, pour ce fait être ordonné
« ce qui sera raisonnable pour ameubler ledit hôpital,
« d'autant qu'il est de ce temps mal meublé, et, ledit
« inventaire fait, seront tenus de bailler et délivrer
« audit aumônier titulaire, lesdits biens au contenu
« dudit inventaire, lequel en sera tenu de la garde et
« responsable, sinon de ceux qui s'useront ou seront
« employés pour ensevelir les corps morts qui décède-
« ront audit hôpital.

« Que ledit aumônier titulaire et gardien seront tenus
« inscrire ou faire inscrire, en un papier qu'ils bail-
« leront auxdits Commissaires à la fin de leur commis-
« sion, les noms et surnoms de ceux qui décèderont audit
« hôpital et la quantité de linge qui sera employé par
« ledit gardien pour ensevelir les corps de ceux qui
« décèderont audit hôpital, pour connaître la diminu-
« tion du linge dudit hôpital, et que, à cet effet, ledit
« aumônier sera tenu à visiter l'état dudit hôpital, au

« moins deux fois par chaque semaine, et le faire enten-
« dre et en certifier messieurs les officiers.

« Que pour exécuter ce que dessus, sera un ou deux
« Commissaires des habitants de cette ville ; la charge
« desquels durera seulement deux ans, et, à la fin des-
« quels, ils rendront compte et reliquat de leur commis-
« sion par devant ceux qui seront députés à cette fin ;
« et se ensaisineront de tous et chacun les titres et en-
« seignements concernant les droits, biens et revenus
« dudit hôpital, aussi par inventaire, au contenu duquel
« il seront tenus les rendre à la fin de leur commission,
« entre les mains de celui ou ceux qui seront constitués
« Commissaires, après eux, des biens et revenus dudit
« hôpital.

« A tous ceux qui ces présentes verront, Jacques
« Labitte, docteur ès-droits, juge général au marquisat
« de Mayenne, savoir faisons à qui il appartiendra que
« comparaissent en jugement :

Me Robert Lebourdais, notre lieutenant.

Me Jean Perrier, procureur du roi en cette ville.

Me René Frican, avocat fiscal de Monseigneur.

Me Louis Cazet, châtelain.

Me Jean Martin.

Louis du Tronchay.

Guillaume Lemaistre.

Me Pierre Lemée, élu en cette Election.

Me Jean Ménard.

Me Jean Cherot.

Jean Edard.

Me Ambroise Lefebvre.

Me Louis Pitard.

Nicolas Guillin, le jeune.

Pierre Vasse.

Louis Amy.

Simon du Bois.

Jean Legendre.

M⁰ Michel Bordeau.

M⁰ André Chapeau. (?)

M⁰ Jean Guénée.

M⁰ Pierre Sénéchal.

M⁰ André Gorret.

M⁰ Pierre Toulain.

M⁰ René Le Mareschal.

M⁰ Guillaume Baulain.

M⁰ Roland Chereau.

Pierre Foulgeray.

Et Macé Baylet.

« Tous habitants de cette ville, paroisse Notre-Dame
« de Mayenne, hors ledit Simon du Bois, paroissien de
« Saint-Martin, et dûment sommés et interpellés par
« Julien de Rommagné, l'un de nos sergents, à la re-
« quête de M⁰ François Perrier, procureur général de
« Monseigneur, tant pour donner leur avis sur le règle-
« ment, par nous fait par l'avis d'aucuns d'eux et rédigé
« par écrit pour régir et gouverner à l'avenir les biens
« et revenus de la maison-Dieu et hôpital de cette ville
« de Mayenne, que pour faire distribution d'aumônes
« aux pauvres qu'il appartiendra, et même pour élire et
« nommer par les dessus dits un ou deux commissaires,
« notables, gens de bien et de bonne conscience de cette
« dite ville ou Saint-Martin de Mayenne, pour faire la
« recette, pour le temps de deux ans, des deniers et re-
« venus dudit hôtel-Dieu et en faire distribution d'au-
« mônes suivant ledit règlement.

« Après que, en présence de tous les dessus dits,
« avons fait lecture, de mot après mot, des articles par
« nous dressés et rédigés par écrit, touchant ledit règle-
« ment qu'il est nécessaire tenir à l'avenir des biens et
« revenus dudit hôpital, et que tous les susdits ont été
« unanimement d'avis que ledit règlement soit tenu et

« gardé à l'avenir, de point en point, jusqu'à ce que au-
« trement en ait été ordonné, et que icelui règlement
« soit baillé et délivré par écrit, à cette fin, à sire René
« de Bazogers, sieur de Grazay, marchand, demeurant
« en cette ville de Mayenne, lequel tous les dessus dits
« ou quoique ce soit la plus grande partie d'iceux ont
« aussi présentement élu et nommé Commissaire pour
« régir et gouverner les biens dudit hôpital, pour le
« temps de deux ans à commencer du premier jour de
« ce mois de janvier et à finir à semblable jour, aux
« charges portées par ledit règlement, avec lequel assis-
« tera, si bon semble audit de Bazogers, Me Macé de
« l'Estang, aumônier titulaire dudit hôpital, quand à
« faire la distribution des dites aumônes.

« Avons ordonné et ordonnons que ces présentes
« seront signifiées audit Me René de Bazogers, à la re-
« quête dudit procureur de Monseigneur.

« Donné, expédié à Mayenne, en l'auditoire dudit lieu,
« par devant nous, Jacques Labitte, docteur ès-droit
« juge général au marquisat de Mayenne, le vingt et hui-
« tième jour de janvier l'an mil cinq cent soixante-et-dix.

« Le 12 du mois de février suivant, René de Bazogers
se présenta devant le juge général, accepta la mission
qui lui était confiée, promit et jura « faire et exercer
« dûment ladite charge et s'en acquitter en homme de
« bien... »

L'établissement à Mayenne d'un Bureau de charité
proprement dit ne semble pas antérieur au milieu du
xvııe siècle. Il fut établi le 2 octobre 1657, puis renouvelé les 3 et 4 février 1662. Les habitants, réunis en
assemblée générale le 17 novembre suivant, déclaraient
qu'il était « de droit naturel et divin de secourir les
pauvres invalides... » Le Bureau de charité se composait
des curés de Mayenne et de Saint-Martin, d'un autre

ecclésiastique, du procureur de l'Hôtel-Dieu, de quatre habitants de la ville et de deux du faubourg Saint-Martin remplacés chaque année. Leur nomination devait être faite « en assemblée générale de la Maison de ville, qui avait lieu annuellement pour le choix des échevins. » Les six premiers administrateurs furent : Mᵉ Pouyvet, juge civil et criminel ; Mᵉ Ambroise Lepineau, sieur de la Houssaye ; Mᵉ Urbain Terrard, sieur de Perrouzeau, conseiller assesseur à la Barre ducale ; Mᵉ Jacques Treton, conseiller et procureur du roi au Grenier à sel. On choisit Mᵉ Jean Laurenson pour secrétaire et Mᵉ François Saigel, sieur de la Croix, comme receveur. En fait, le procureur de l'Hôtel-Dieu pourvoyait aux besoins des pauvres, sans consulter les autres administrateurs.

L'assemblée générale du 17 novembre 1674 réorganisa le Bureau de charité de la manière suivante, sur la réquisition de « Merel, conseiller du roi, intendant de la « maison et affaires de monseigneur le duc de Mayenne ». Devaient en faire partie dorénavant les deux curés de Mayenne et de Saint-Martin, un autre ecclésiastique, le procureur de l'Hôtel-Dieu, « quatre habitants autres que les échevins, procureur, syndic et receveur de la ville ». L'un de ces derniers serait secrétaire et receveur. Les membres du Bureau étaient tenus de se réunir, chaque samedi, au presbytère de Notre-Dame de Mayenne, et leurs décisions pouvaient n'être soumises au général des habitants que lorsqu'ils le jugeraient utile. Malgré cet usage, les administrateurs recouraient ordinairement à l'assemblée des paroissiens, ce qui retardait les mesures parfois urgentes qu'il convenait de prendre. Ils hésitaient à agir à leur chef, dans la crainte d'encourir quelque responsabilité.

Les personnes notables qui avaient pris part à la réunion du 17 novembre 1674 étaient :

Merel, intendant du duc de Mayenne, J. Viel, juge et maire perpétuel de la ville, F. Rivière, R. Barbeu, J. Martin, A. Jeudry, J. Tanquerel, F. Pouyvet, Lepineau, Terrard, G. Le Pennetier, Saiget, Laurenson, Lepage-Brancherie, Marseul, A. Deschamps, Gastin, Lefebvre, Le Jarriel, Lefaucheux, V. Gastin, Thébaudin, Davoynes, greffier.

Les mendiants sont nombreux à Mayenne ; ils circulent dans les rues, importunent les passants, assiègent les maisons, et deux archers, dits des pauvres ou « chasse-gueux », que l'Hôtel de ville choisit, ont peine à les écarter. Un seul archer avait été impuissant à maintenir les miséreux, qui se portaient en groupe au-devant des habitations ou entouraient les passants.

Les chasse-gueux ne servent pas seulement à contenir les pauvres importuns, insolents et audacieux, les « quémands » de toute sorte, comme on les appelle, ce sont aussi les commissionnaires du Bureau de charité qui aident les commissaires dans leur service. Aussi les membres du Bureau les appellent-ils les « serviteurs des pauvres ».

En 1688, un archer des pauvres touchait, de salaire, 30 sols par semaine.

Le 19 février 1691, le procureur du roi de l'Hôtel de ville, qui était alors Tripier de la Fresnaye, fait observer à une réunion que le nombre de pauvres assistés étant plus grand que par le passé, il lui paraissait nécessaire d'augmenter le nombre des Administrateurs du Bureau de Charité. Il proposait d'en désigner trois pour la ville, un pour le faubourg « et de supplier aussi des dames « et des demoiselles de piété, en chaque quartier, de « visiter les pauvres et principalement les malades, pour « pourvoir, sur leur rapport, à leur secours et à leurs « nécessités. »

Il demande aussi :

« Qu'on ne porte sur « le rôle des pauvres que ceux qui auraient deux années de domicile à compter du jour de l'arrêt de nos seigneurs de parlement ».

« Qu'on fasse, par mois, deux distributions de pain, dans la grande salle du Palais, et que les Administrateurs y fussent présents, pour empêcher les pauvres de venir recevoir deux aumônes, sous des noms différents.

« Que le rôle des pauvres soit publié, deux fois par mois, au prône des messes paroissiales.

« Que les pauvres, qui n'auraient pas un séjour de deux ans à Mayenne, fussent invités à se retirer dans leurs paroisses d'origine, sous les peines portées dans ledit arrêt.

« Que les pauvres admis au Bureau de charité seraient tenus de faire déclaration d'abandon de leurs biens au profit dudit Bureau.

« Et qu'enfin ceux qui dénonceraient les biens que cacheraient les pauvres auraient droit au tiers de ces biens, à titre de récompense ».

Ces propositions sont agréées. On choisit cinq nouveaux administrateurs pour faciliter le service : de Grazay, des Aulnoys, du Haulmont, pour la ville; Letourneux et Mathieu Barbeu, avocats, pour le faubourg.

Furent priés de visiter les pauvres malades de leur quartier et de renseigner le bureau : Mesdames de Lorrière, Mesdemoiselles de Châteauneuf, d'Estepes, Rivière, de la Dalinière, Richard et Fourmy, qui habitaient la ville ; Madame la Vicomtesse de Neufvillette, Mademoiselle du Cléray et Mademoiselle Rondeau, qui étaient du faubourg Saint-Martin.

On arrêta que toute personne qui logerait un pauvre étranger à la localité serait « responsable de sa nourriture et subsistance ». C'était un moyen indirect de forcer les indigents à quitter la ville.

Lorsque les besoins sont moins grands, le Bureau de charité cesse de fonctionner et n'assure pas, comme de nos jours, un revenu régulier aux indigents, mais il reprend son service dès que la nécessité se fait sentir.

En 1699, le soulagement des pauvres fait l'objet de fréquentes assemblées des habitants. Le 28 janvier, dans une réunion générale convoquée par Daniel Deschamps, gouverneur de la ville, le procureur du roi demande la réorganisation du Bureau, qui est alors composé, outre les membres de droit, de Pérouzeau, Legoué, Rivière, Bougler, pour la ville ; de la Vallée-Picard et des Besneries pour Saint-Martin. René de Bazogers, sieur de Grazay, devient receveur ; Joly, prêtre, secrétaire.

Pendant l'hiver de 1699-1700, le Bureau fut maintenu avec les mêmes membres, sauf de Grazay remplacé par Jean-Baptiste Lemoyne, sieur de Juigny, conseiller du roi, grenetier au Grenier à sel. Le duc de Mazarin accorda un secours aux pauvres. On n'oubliait pas de solliciter sa charité et ce n'était jamais en vain.

En exécution de la Déclaration du roi, du 25 juillet 1700, sur les mendiants, la ville choisit une maison du faubourg Saint-Martin pour les loger. La marmite des pauvres était alors installée à l'Hôtel-Dieu [1].

En 1702, une grave dyssenterie afflige la population, particulièrement celle du faubourg ; les malades pauvres reçoivent du bureau des secours en argent. A cette époque, deux cent deux familles étaient assistées. Pour régler le service des administrateurs et des dames de Charité, la ville avait été divisée en six sections comprenant : le quartier du Palais (Hôtel de Ville) et du Haut de la ville,

---

[1] V. Délibération du 15 Septembre 1700.

de l'Eglise de Notre-Dame, du Château, du Pavé-Morin, de l'Eglise Saint-Martin et de la Roche-Gandon.

Indépendamment de la visite et de l'assistance des pauvres, les Administrateurs vont à domicile solliciter la générosité des officiers et des bourgeois aisés et, par la qualité des membres du Bureau, on peut voir que les personnes les plus distinguées de la ville ne ménageaient pas leurs peines pour venir en aide aux malheureux.

Le Bureau avait un caractère essentiellement religieux. Ses membres entendaient bien faire une œuvre pie et n'étaient pas mus par un sentiment de simple philanthropie. L'entête du registre de leurs délibérations commençait par les mots : « Au nom de la très-sainte et adorable Trinité, Père, Fils et Saint-Esprit ».

CHAPITRE XIV

—

La disette de 1738 ; le prix des grains. — Ressources médiocres du bureau de charité. — Legs d'une somme destinée aux frais du contrat d'apprentissage d'un enfant pauvre. — Noms de quelquesuns des membres du bureau de charité.

En 1738, la récolte des grains avait été mauvaise, ainsi que celle des fruits et des châtaignes. La municipalité se préoccupa de la misère que présageait une telle situation ; ne possédant pas de ressources pour faire des approvisionnements, elle demanda au roi un prêt de 30.000ᵗ, remboursable en trois ans et par tiers. Il lui fut accordé, mais ces fonds ne purent suffire et quelques habitants de Mayenne avancèrent les sommes suivantes :

« François Gasté de la Blottière.............. 2.000ᵗ

« Madame veuve d'Isle..................... 2.000

« Daniel Bouessay, curé de Mayenne......... 1.000

« Le Frère de Maisons..................... 1.000

« Bouessay, receveur des tailles.............. 1.000

« Deschamps, receveur des tailles [1].......... 1.000

« René De Bazogers, juge civil............... 1.000

« Gasté de la Cour de Commer.............. 1.000

« Guestre de Courteille..................... 1.000

« Esnault, jeune......................... 1.000

[1] David Deschamps, mari d'Anne-Charlotte Chouet de la Gandie.

« Chabrun de la Carlière, principal du Collège.. 2.000 #
« Deschamps, trésorier [1].................... 1.000
« Treton de Fiefgirard.................... 1.000
« Les deux de la Grange [2]................ 1.000

Robert-François Tripier de la Fresnaye, correcteur en la Chambre des Comptes à Nantes, fut chargé par la municipalité de Mayenne de faire un achat de 100 tonneaux (1850 boisseaux mesure de Mayenne) de blé-seigle, c'est-à-dire de seigle, qui, rendus à Mayenne, coûtèrent 15.431 # 4 sols 2 deniers.

Dans ce prix figurait celui de 800 sacs de toile qui coûtèrent 1.160 #.

Les frais de transport étaient importants ; les sacs venaient par bateau de Nantes à Angers, puis d'Angers à Laval où des voituriers allaient les chercher.

Les officiers de la ville fixèrent le prix de ce grain à 8 # 10 s le boisseau, ce qui donna à la revente 15.725 # ; d'où un boni de 293 # 15 s 10 d.

Une liste des personnes admises à se fournir au grenier municipal avait été dressée, et toutes celles qui étaient dans l'aisance n'y étaient pas portées. Pendant que la ville vendait le seigle à 8 # 10 s le boisseau, il coûtait au marché de Mayenne 12, 14, 16 et même 17 #.

La distribution des grains s'effectuait sous la surveillance d'un officier de la Maison de ville et sur la présentation d'un bon nominatif, qui n'était valable que pour le jour dont il portait la date.

Mayenne put même fournir du grain, au prix modéré de 8 # 10 s, à quelques paroisses voisines. Dans ces localités il était cédé au même prix, sous le contrôle du curé de chaque paroisse.

(1) Charles-Daniel Deschamps, trésorier de France au Bureau des finances de Paris.

(2) François Tripier, marchand de vins, et Louis Tripier, élu en l'Election de Mayenne.

Un second achat de seigle fut fait par Pierre Duchemin de la Favardière, négociant à Nantes; il était de 100 tonneaux, et le grain coûta, rendu à Mayenne, 14.533^{lt} 12^{s}5^d.

La ville le vendit 9^{lt} le boisseau, d'où un produit de 16.650^{lt} et un bénéfice de 2.116^{lt}7^{s}7^d. On en fit la distribution comme la première fois.

D'une troisième commande de 200 tonneaux, on ne put en obtenir que 194 et quelques septiers. Ces grains, péniblement transportés à Laval, se trouvèrent avariés en partie, par suite de la pluie dont ne purent les garantir les bateliers. Il fallut même en jeter plusieurs tonneaux à la rivière et le reste exigea un triage et des soins coûteux.

Le bon grain fut vendu 9^{lt} le boisseau et produisit 18.738^{lt}. Celui qui était le moins avarié, cédé à différents prix, donna 8.250^{lt} de produit.

Les grains de ce troisième envoi, rendus à Mayenne, et les soins exceptionnels qu'ils avaient nécessités revinrent à 27.707^{lt}, d'où une perte de 719^{lt}.

50 tonneaux d'une quatrième expédition coûtèrent 8.427^{lt} 4^d. Ils furent vendus à 8^{lt} le boisseau, soit au total 7.400^{lt}; c'était 1.027^{lt} 4^d de perte.

Balance faite, la ville se trouva avoir de profit net, 664^{lt}2^{s}13^d, par suite de ces quatre opérations sur les grains. Les sacs ayant été revendus 350^{lt}, le boni total s'éleva à 1.014^{lt}2^{s}13^d, qu'on destina à la réparation des chemins aux abords de la ville.

A Nantes, on vendait, en Janvier 1739, le tonneau de seigle :

De première qualité, du poids de 2.200 livres, 120^{lt}.

De seconde qualité, du poids de 2.150 livres, 116^{lt}.

De troisième qualité, du poids de 2.100 livres, 108^{lt} (1).

(1) La misère fut aussi grande à Laval en 1738 et 1739. La paroisse de la Trinité comptait 2.000 pauvres, celle de Saint-Vénérand 1.200, sans comp-

Un extrait de la mercuriale de Mayenne de 1737, 1738 et 1739 fera ressortir l'augmentation du prix des grains qui eut lieu au cours des trois premiers trimestres de cette dernière année.

Année 1737

Du lundi 7 janvier :

Le blé-seigle....................... 4ᵖ 10ˢ le boisseau

L'avoine........................ 2ᵖ   —

Du lundi 1ᵉʳ avril :

Le blé-seigle....................... 5ᵖ 4ˢ   —

L'avoine .... 2ᵖ 2ˢ   —

Du lundi 1ᵉʳ juillet :

Le blé-seigle .... 5ᵖ 2ˢ   —

L'avoine........................ 2ᵖ 2ˢ   —

Du lundi 7 octobre :

Le blé-seigle .... 5ᵖ 2ˢ   —

L'avoine .... 1ᵖ 12ˢ   —

Année 1738

Du lundi 7 janvier :

Le blé-seigle..................... 5ᵖ   —

L'avoine....................... 2ᵖ 2ˢ   —

Du mercredi 9 avril ;

Le blé-seigle..................... 5ᵖ   —

L'avoine........................ 2ᵖ   —

Du lundi 7 juillet :

Le blé-seigle .... 5ᵖ 6ˢ   —

L'avoine........................ 2ᵖ   —

ter les enfants et les indigents de la campagne. L'évêque du Mans prêta à la ville 3.000ᵖ, le roi 50.000ᵖ pour acheter des grains, qu'on fit venir de Nantes et de Morlaix. Des quêtes furent faites, et les fonds qu'on en retira vinrent en aide aux malheureux. Le juge civil Lelong se montra particulièrement généreux ; il souscrivit pour une somme de 1.000ᵖ ; la duchesse de la Trémouille fournit du bois de chauffage.

Du lundi 6 octobre :

Le blé-seigle	5ⁱ 6ᵈ	le boisseau
L'avoine	2ⁱ	—

Année 1739

Du lundi 5 janvier :

Le blé-seigle	8ⁱ 18ˢ	—
L'avoine . . .'	3ⁱ 15ˢ	—

Du mercredi 1ᵉʳ août :

Le blé-seigle	10ⁱ 8ˢ	—
L'avoine	4ⁱ 5ˢ	—

Du lundi 6 juillet :

Le blé-seigle	10ⁱ 5ˢ	—
L'avoine	4ⁱ	—

Du lundi 5 octobre :

Le blé-seigle	6ⁱ 6ˢ	—
L'avoine	2ⁱ 5ˢ	—

Les ressources du Bureau de Charité n'étaient pas importantes. Nous n'en connaissons que quelques-unes.

Renée et Marie Fourny avaient donné le tiers de leurs biens aux pauvres de Notre-Dame. En équivalence de ce tiers et dans l'intention de « commencer une Charité « de paroisse », leur sœur Madeleine abandonna son lieu de la Baudrairie et un friche, situés paroisse de Saint-Martin de Mayenne.(1) Ces dispositions charitables ne purent sans doute recevoir leur exécution, car les pauvres ne profitèrent que du friche, qui était situé près du pré des Fontaines appartenant à la veuve Tenneson, née Rabinaud de Suvarenne.

Renée Turgault, veuve de Jean Mautaint de l'Enaudière, décédée vers 1731, légua tous ses biens aux pauvres de Notre-Dame de Mayenne et affecta spécialement une

(1) Testament olographe du 27 mai 1728.

rente annuelle et perpétuelle de 40 livres pour les frais d'apprentissage d'enfants pauvres de Mayenne. On devait en choisir, tour à tour, deux de Notre-Dame et un de Saint-Martin. La testatrice réservait une préférence en faveur des enfants pauvres de sa famille et de celle de son mari. La liste des bénéficiers de ce legs est assez longue et la plupart de leurs descendants existent encore à Mayenne.

Voici un de ces contrats d'apprentissage :

« Nous soussignés, en double, Hélène Barbe, fille ma-
« jeure, demeurant à Evron, couturière, et Mathurin
« Vidis et Anne Boulay, ma femme, demeurant à Mayen-
« ne, avons fait le marché de l'apprentissage qui suit :
« C'est à savoir que moi Hélène Barbe m'oblige de
« montrer à Anne Vidis, fille dudit Mathurin Vidis, mon
« métier à tailler, coudre et blanchir ; la coucher, nour-
« rir et blanchir et lui faire tout son linge à son usage,
« pendant le temps de deux années à commencer de ce
« jour, pour la somme de trente-six livres que Made-
« moiselle Rouzière, fille de Charité de Mayenne, a, dans
« ce moment, payée à moi Hélène Barbe, pour ledit
« apprentissage d'Anne Vidis surnommée Langevin.

« Fait, en double, à Mayenne, le six mars mil sept cent
« soixante-trois.

   Signé : Hélène Barbe ; M. Vidis ; Anne Boulay.

Au verso est écrit :

« Vu bon et approuvé l'apprentissage de l'autre part et
« la somme de quarante livres être payée par Monsieur
« Hay, procureur de la Charité ; laquelle somme lui
« sera allouée en son compte.

« A Mayenne, le 15 février 1765.

Signé : Bouessay c. d. M., Lefebvre de Cheverus, juge civil ; J. F. Chabrun, prêtre, ancien principal ; Tanquerel, pr. ducal.

La différence de 4[tt] entre la somme payée et celle allouée par le Bureau était sans doute destinée à payer certains frais.

On lit dans le testament de François Gestière, avocat, reçu par Mathieu Leclair, notaire à Mayenne, le 10 juin 1740 :

« Veut et entend qu'après son décès il soit délivré aux pauvres de Saint-Martin la somme de 600[tt], pour les arrérages être employés à soutenir la marmite des pauvres et leur être fourni de la soupe, viande et pain... »

Gestière était le mari de Renée des Jonchères.

A la révolution, une rente de 100[tt] était due aux pauvres du faubourg de Saint-Martin par Françoise de Lonlay, veuve de Jarry des Loges, et par Marie-Brice-Marguerite Colombert, veuve Briqueville.

La Charité de Saint-Martin possédait sur cette paroisse deux pièces de terre, l'une nommée le champ des Chauvellières, située près d'un champ, dit des Fontaines, et d'un autre champ que Richer, maître de poste, louait 101[tt], pendant la Révolution.

Chacune des deux paroisses de Mayenne dut avoir, en effet, un Bureau de Charité spécial pendant les années qui précédèrent l'époque révolutionnaire.

Par son testament devant Bourdon, notaire à Mayenne, du 28 avril 1790, Mlle de la Roque légua 4.000[tt] aux pauvres de Notre-Dame, 1.000[tt] à ceux de Saint-Martin et pareille somme aux indigents d'Aron. La testatrice avait pour héritiers Emmanuel-Alexandre et Victoire-Antoinette de Vaucelle de Ravigny, qui, en 1810, prirent l'obligation de servir, chacun un rente de 150[tt], représentant les intérêts, à cinq pour cent, des capitaux légués. Pour sûreté du service de ces rentes, les héritiers donnaient une hypothèque sur le château de la Bellière, en Champfrémont, le domaine de Torcé et la métairie de La Haie, en Cigné.

On trouve que le Bureau de Notre-Dame payait
pour :

« Les honoraires de l'oraison de l'Enfant-Jésus 40^{tt}
« L'apprentissage d'un pauvre.............. 40^{tt}
« Au clergé de Saint-Martin................ 1^{tt}
« La fieffe de la Roche-Gandon............ 6^{tt}2^s

Quelques-uns des membres du Bureau de Charité ont
pu être relevés :

1675. — Du Bois-Motté, curé de Notre-Dame.
1675. — Gestière, curé de Saint-Martin.
1675. — Chabrun [1],
1675. — Juillet [2],
1675. — Treton,
1675. — Saiget, sieur de la Croix,
1675. — Laurençon,
1679-1680. — du Hautmont,
1679-1680. — de Lorière,
1679-1680. — de la Houssaie,
1679-1680. — Letourneux, receveur du Bureau,
1680-1681. — de la Foucherie, avocat,
1680-1681. — du Hameau,
1680-1681. — Jean Juguin, receveur du Bureau,
1680. — François Gode, sieur de la Faburais,
1682. — des Besneries,
1683-1684. — René Tanquerel,
1683. — René Jamelin, secrétaire du Bureau,
1683. — Jean Mimbré,
1683. — Pierre Piron, sieur de Launay,

(1) Julien Chabrun, époux de Françoise Leroy, père de Jean et Julien
Chabrun de la Carlière. Ce dernier, marchand de draps de soie, épousa
Françoise George.

(2) Il s'agit sans doute de Pierre Juhier des Fosses, père de : 1° Charlotte
Juhier, épouse de Guy Duchemin ; 2° Marie Juhier, qui épousa Jean Thébaudin ; 3° Perrine Juhier, mariée à Ambroise Lepineau, sieur de la Houssaye.

1683-1684. — Daniel Séneschal, teinturier,

1684-1685. — René des Aulnoys, juge royal,

1684-1685. — Jacques Treton,

1684-1685. — François Barbeu, sieur du Bourg,

1684-1685. — Etienne Ronné, sieur de la Mercerie,

1685-1686. — Pierre Bouessay, sieur de la Couralière,

1685-1686. — Antoine Gestière,

1686. — Du Tertre, sieur du Pré,

1686. — Picard, sieur de la Vallée,

1690-1691. — Urbain Terrard, sieur de Pérouzeau,

1690. — Jacques Rivière,

1690-1691. — Jean Gasté de la Mansonnière,

1690-1691. — René Morin, sieur de la Pitardière,

1690-1691. — Pierre Bourgeois,

1691-1692. — Julien Arnoul,

1691-1692. — René Jamelin, sieur de la Place,

1691-1692. — René Rivière, officier de l'Election (1699),

1692-1693. — Guillaume Fourmond,

1692-1693. — Pierre Collin, sieur de la Houllerie,

1699. — Mathieu Bougler, procureur de l'Election,

1699. — Terrard de Pérouzeau,

1699. — de la Besnerie,

1699. — René Picard de la Vallée,

1699. — Legoué, lieutenant-général,

1699. — Robert Tripier de la Fresnaye,

1699. — René de Bazogers, sieur de Grazay,

1726. — Jean-François Chabrun, principal du Collège, trésorier,

1726. — François Gasté, sieur de la Blottière, administrateur du quartier du Château,

1726. — René Lefebvre de Cheverus, administrateur du quartier du Pavé-Morin,

1726. — Joseph Chapedelaine, seigneur d'Isle, administrateur du quartier du Palais et du Haut-de-la-ville,

1726. — Ambroise Morin, marchand, administrateur du quartier de la Roche-Gandon,

1726. — Michel Nocher, marchand tanneur, administrateur du quartier de l'église Saint-Martin,

1726. — Pierre Collin, vicaire, secrétaire,

1726. — François Barbeu du Bourg, administrateur du quartier de Notre-Dame,

1748. — De la Fresnaye.

1748. — Barbeu du Boulay, de la Chevalerie,

1748. — René Liger, avocat,

1748. — Esnault, apothicaire,

1751. — Pierre Collin,

1752. — François Riou, prêtre,

1754. — Antoine Cochon, prêtre [1],

1754-1755. — René Liger,

1755. — René-Pierre Deschamps, prêtre,

1756-1757. — Leplat, élu,

1756-1757. — Julien de la Lande, avocat,

1765. — François-Jean Hay, l'aîné,

1777. — Louis Lefebvre de Cheverus, curé de Mayenne,

1777. — Pierre-Jean Chapelet, chapelain des religieuses du Calvaire,

1777. — Jean-Vincent-Marie Lefebvre de Cheverus, juge général civil et de police,

1777. — François-René Leplat, élu honoraire de l'Election, maire de Mayenne et Subdélégué de l'Intendant,

1777. — Jean de Chapedelaine, chevalier, seigneur d'Isle et de la Cour de Grazay, Buleu et autres lieux,

1777. — François Lejeune, avocat en parlement au siège de la Barre ducale, premier échevin de l'Hôtel commun,

1777. — Robert Tripier de la Grange, négociant,

---

(1) Cochon devint curé de Thubœuf.

1777. — Mathurin Gaultier, conseiller assesseur et juge général civil et criminel de la baronnie de Fontaine-Daniel,

1777. — Jacques-René Lefizelier, avocat, lieutenant au siège de l'Election,

1777. — Augustin Hochet de la Terrerie, aîné, avocat, juge général civil et criminel au siège de Savigny,

1777. — Thomas Sohier de Villemer, receveur des Domaines au bureau de Mayenne,

1777. — Ambroise-Jean Sougé, avocat, procureur du Bureau de charité,

1780. — René Morin de Pitardière, prêtre, procureur et receveur de la Charité de Saint-Martin.

CHAPITRE XV

—

Mesures prises contre les mendiants étrangers. — La misère pendant l'hiver 1785-1786. — L'assistance par le travail. — La disette des pauvres durant la Révolution.

Malgré la sévérité des réglements, les étrangers pauvres affluaient à Mayenne. La misère était souvent très grande dans les campagnes et ils obtenaient plus de secours en ville. Le Bureau voulut sévir pour empêcher l'immigration qui affligeait la cité d'une colonie nombreuse de mendiants. Le 15 janvier 1726, il décida qu'il serait enjoint aux étrangers indigents de rentrer dans leur paroisse natale, dans le délai de trois jours. Les propriétaires avaient la défense absolue d'en loger, à peine de 10^{tt} d'amende. Aucun secours ne pourrait être accordé à des personnes venues du dehors.

Ces mesures demeurèrent à peu près sans effet et, en 1774, on en arriva à solliciter la protection du roi qui rendit l'ordonnance suivante :

« De par le roi.

« Sa Majesté, étant informée que l'établissement d'un Bureau de Charité dans la ville de Mayenne y a attiré un tel nombre de mendiants des lieux circonvoisins, que non seulement les pauvres de ladite ville sont, par cette affluence, privés d'une partie des secours qui leur sont destinés, mais que la tranquilité des habitants s'y trouve intéressée, et voulant prévenir les suites d'un pareil désordre, elle a ordonné et ordonne que tous les mendiants étrangers et, en particulier, ceux qui sont dénommés dans le procès-verbal dressé le vingt-deux mars dernier, par le sieur Le Febvre, juge de la ville de Mayenne, seront tenus, ainsi que leurs familles, de sortir de la ville, dans les vingt-quatre heures de la notification qui leur sera faite du présent ordre, leur enjoignant de se retirer sur le champ dans les paroisses de leur ancien domicile et d'envoyer au Subdélégué du Sous-Intendant de Tours des certificats des curés desdites paroisses pour preuve de leur retour en icelles. Leur fait, Sa Majesté, défense de revenir dans ladite ville de Mayenne à peine d'être punis comme vagabonds. Comme aussi, fait, Sa Majesté, défense aux habitants de la ville de Mayenne de recevoir, loger ni donner retraite chez eux à aucuns autres étrangers qu'à ceux qui pourront être compris au moins à dix livres de taille dans les rôles de la dite ville, à peine de cinquante livres d'amende qui ne pourra être remise ni modérée, et de plus forte, en cas de récidive ; mande Sa Majesté au dit Sous-Intendant de Tours de tenir la main à l'exécution du présent ordre ».

Fait à Versailles, le vingt-quatre avril mil sept cent soixante-quatorze.

Signé : LOUIS.

L'Intendant de Touraine réclama la mise à exécution de cet ordre, dans les termes ci-après :

« François-Pierre du Cluzet, chevalier, marquis de Montpipeau, baron du Chéray, seigneur de Blanville et autres lieux, conseiller du roi en ses conseils, maître des requêtes ordinaire de son hôtel, intendant de Justice, Police et Finances en la généralité de Tours.

« Vu l'ordonnance du Roi ci-dessus :

« Nous ordonnons qu'elle sera exécutée selon sa forme

et teneur, en conséquence que, par le commandant de la brigade de Maréchaussée de Mayenne, elle sera notifiée à tous et chacun les mendiants étrangers compris au procès-verbal du sieur Le Febvre de Cheverus, juge civil de Mayenne, du vingt-deux avril dernier, à ce qu'ils aient à évacuer ladite ville dans les vingt-quatre heures de la notification de ladite ordonnance, lui enjoignant d'arrêter les contrevenants et de les constituer dans les prisons de Château-Gontier, pour leur procès leur être fait comme vagabonds, suivant l'intention de Sa Majesté.

Ordonnons que ladite ordonnance sera enregistrée à la police du duché de Mayenne, lue et publiée au son du tambour dans tous les carrefours de la ville de Mayenne et ensuite affichée en icelle, comme aussi qu'elle sera publiée et affichée dans toutes les paroisses de l'Election de Mayenne, à ce que personne n'en ignore.

Fait ce quinze mai mil sept cent soixante-quatorze.

Signé : du Cluzet.

La maladie et la paresse ne sont pas les seules causes de la misère. Il faut alors compter, de temps à autre, sur la disette. Par ailleurs, les bras sont nombreux, l'industrie n'en peut employer qu'un petit nombre et le travail manque. La ville fait, dans ce cas, un appel pressant à la charité publique et utilise en travaux dits de Charité les fonds qu'elle reçoit.

Dans l'hiver 1785-1786, la détresse fut grande et la Municipalité sollicita de l'Intendant une subvention pour des travaux de Charité. Il répondit qu'il s'engageait à payer les deux tiers de ceux qu'elle voterait. L'Hôtel de ville accorda 600" et l'Intendance donna 1200". La délibération que prit à cette occasion le corps municipal, le 10 janvier 1786, contient le dispositif suivant :

« Les Officiers municipaux ont arrêté de remercier

M. l'Intendant des secours qu'il veut bien accorder aux pauvres de cette ville ; ont remercié M. Sutil de la célérité avec laquelle il a bien voulu venir au secours des pauvres de cette ville et mettre cet Hôtel (de ville) en état de procurer du travail à ses malheureux concitoyens. Conformément à son rapport, il sera placé, dès le jour de demain, des ouvriers en nombre suffisant dans l'intérieur de la Madeleine pour déblayer la partie qui gêne l'accès du nouveau bâtiment ; il sera également posté, sur le chemin de cette ville à Alexain un nombre également suffisant d'ouvriers, soit pour tirer la pierre, la placer, faire les nocs et les différentes opérations indiquées par M. Sutil pour rendre praticable cette partie du chemin. A ces différents travaux, il ne sera reçu que des pauvres de cette ville, savoir : les deux tiers de cette paroisse et l'autre tiers de Saint-Martin, qui auront des billets des dames de Charité ou de l'Administrateur de Charité de cette ville et faubourg ; à ces différents travaux, tels qu'ils sont indiqués par M. Sutil, présideront à leur tour les différents membres de cet Hôtel, tant pour l'inspection du travail que pour contenir les ouvriers. La somme de six cents livres, offerte pour contribution, sera délivrée à M. Sénéchal sur les rôles de chaque semaine, qui seront arrêtés par le conducteur commis à cet effet par M. Sutil, sauf à dresser les états desdits travaux, conformément au modèle qui a été indiqué par M. l'intendant.

> *Signé :* Lefebvre de Champorin, maire, Lejeune, Sutil, Sougé, Sénéchal, Maupetit, Guimond. »

Avant la Révolution, les Assemblées provinciales se préoccupaient vivement de la situation des indigents, ainsi qu'il résulte de leurs travaux, des désirs qu'elles expriment et des décisions qu'elles prennent. Ces assemblées avaient cherché à organiser et à reconstituer l'Assistance publique par le travail [1]. A Mayenne, on était entré dans cette voie, ainsi qu'on vient de le voir, et on y a persisté jusqu'à nos jours. L'ensemble des hommes employés aujourd'hui par le Bureau de bienfaisance, d'une manière analogue, compose un corps de travailleurs que nous appelons vulgairement le « Petit-Génie ».

Dans un mémoire inséré au procès-verbal des séances de l'Assemblée générale des trois provinces de la Généralité de Tours, on lit [2] :

« On a pour détruire la mendicité : 1° des maisons de force ; 2° des défenses de mendier ; 3° de l'emprisonnement ; 4° des bureaux de Charité, formés par la bienfaisance de quelques citoyens, et en trop petit nombre, pour l'étendue du royaume.

« L'expérience a démontré que le dernier de· ces moyens est le seul qui ait réussi. La raison est bien simple : c'est qu'il est le seul qui tende à la réformation des mœurs par le travail, le seul qui soit fondé sur la religion et la morale.

« En effet, la défense de mendier et les peines les plus sévères n'arrêtent jamais l'homme qui est pressé, pour lui-même et pour sa famille, par les besoins physiques. Cette défense ne procure pas la ressource d'y subvenir par le travail et ne présente aucun moyen de distinguer la mendicité de l'oisiveté, de celle qui naît d'un véritable besoin. Les Bureaux de Charité peuvent seuls procurer cet avantage ; eux seuls peuvent avoir toujours l'œil ouvert sur tout ce qui compose leur département et distinguer les vrais besoins, les soulager, procurer du travail et faire connaître la classe des mendiants de profession. Jusqu'à ce moment, il paraissait difficile, pour ne pas dire impossible, de remédier à un mal, qui

[1] Voir le journal *La Corporation*, du 8 Novembre 1890.
[2] Séance du 21 novembre 1787.

chaque jour prend de nouveaux accroissements et qui, dans les campagnes, met un grand nombre d'habitants à la charge des autres ».

En 1789, les hommes gagnaient aux travaux dits de Charité dix sous par jour. On les payait en leur remettant en pain la valeur de leur salaire, « l'intention du « Bureau de charité étant de procurer aux familles pau- « vres les nécessités journalières et non pas de satis- « faire aux passions d'un père de famille ».

Pendant la Révolution, quelques dames de Charité conservèrent leurs fonctions, mais ne furent pas à l'abri de la malveillance.

A la réunion de la Société populaire du 20 mai 1793, « le citoyen Le Maire demande la parole et représente « qu'il serait utile de nommer des commissaires pour « surveiller les Dames de Charité, à ce qu'elles s'acquit- « tassent mieux de leur administration, vu les plaintes « qui ont été faites ce jour à la Société. » Le club accueille cette demande et choisit pour commissaires Le Maire et Havard « et les engage à la surveillance la « plus active ».

Cette dénonciation visait « la citoyenne Demay, dame « de Charité des pauvres, inculpée d'avoir dépouillé une « jeune fille, qui avait été habillée aux dépens de la « Charité, parce que celle-ci était allée à la messe (d'un « prêtre assermenté) ». Mlle Demay comparut devant le Conseil général de la commune, le 25 mai 1793, ne reconnut pas le fait qui lui était reproché ; elle avait simplement dit à l'enfant (une petite domestique) que, si elle quittait sa place qui était bonne, elle empêcherait qu'on lui donnât des vêtements. La petite servante interrogée confirma le dire de la dame de Charité et ajouta « que c'était Mlle du Bailleul qui lui avait parlé « de la messe ».

Dans tous les services on retrouve des difficultés provenant de la Constitution civile du Clergé.

Les ressources du Bureau sont de plus en plus réduites par la suppression des dons des familles riches et charitables, qui sont pour la plupart gênées, inquiétées par la police, hostiles aux institutions nouvelles et ne viennent guère en aide aux pauvres. Elles réservent l'argent dont elles peuvent disposer. La lettre suivante adressée, le 25 frimaire an III (17 décembre 1794), par le Conseil général de la commune de Mayenne à la Commission des Secours publics, est assez précise à cet égard :

« Citoyens,

« Nous avons deux mille indigents dans notre commune, qui contient dans son arrondissement une population de huit mille âmes. Nous demandons des secours pour cette portion de nos frères qui, chaque jour, s'adresse à nous, en réclamant l'exécution des lois de la Convention nationale qui a voulu que le vieillard infirme, invalide, indigent, le père et la mère d'une famille nombreuse et encore en bas âge, trouvassent dans la Bienfaisance nationale une protection qui les mit à l'abri des maux auxquels ils sont exposés. Ceux de nos concitoyens qui, par un travail constant et pénible, ont eu le bonheur de se procurer au-delà d'un frugal et honnête nécessaire (car nous ne connaissons pas l'oisive et corruptive opulence), se sont empressés de partager avec les nécessiteux, mais cette faible ressource est épuisée, et, si vous ne suppléez pas à notre impuissance, nous ne pourrons plus alléger les souffrances de nos républicains, que leur pauvreté rend respectables et que leur amour pour la liberté doit rendre précieux à ceux que la Convention a chargé de disperser ses bienfaits. Nous espérons que vous nous accorderez une somme suffisante pour tarir les larmes de ceux pour lesquels nous sollicitons auprès de vous. Deux mille livres nous furent accordées, il y a un an, dans la saison rigoureuse où nous sommes. Celui dont l'existence pénible avait le plus de droits à la distribution n'obtint, selon la proportion de ses besoins, qu'un contingent de trente-deux sols. Si, en faisant droit à notre pétition, vous ne nous secourez que d'après les mêmes bases, nous vous l'avouons, nous aurons l'âme comprimée par la douleur en voyant, sans pouvoir y remédier, l'infortune lutter en vain contre le malheur et succomber enfin au milieu des angoisses les plus horribles. Mais, votre justice et votre sensibilité, à cette voix impérieuse de l'humanité qui n'implore pas en vain, nous sont un sûr garant que nous ne demanderons pas inutilement ce que notre cruelle et désastreuse position a droit d'exiger ».

Nous ne savons quel fut le sort de cette requête.

Lé Bureau de Charité se maintint péniblement durant la Révolution. Il fut remplacé par un Bureau de Bienfaisance, qu'on organisa en vertu de l'Arrêté préfectoral du 1er Ventôse an X (20 février 1802). L'esprit chrétien cessa peu à peu de diriger le nouvel établissement ; en tendant la main les pauvres dirent encore, pendant une ou deux générations : « Ayez pitié de nous, pour l'amour de Dieu ! » ; puis cet appel pieux à l'aumône ne sortit plus de leur bouche.

APPENDICE

—

A

Testament de Michel Nicole [1]

Universis prœsentes litteras inspecturis et audituris, decanus de Ebron, Cenomanensis diocesis, salutem in Domino.

Notum facimus quòd in prœsentià Symonis Mandet, presbyteri, capellani ecclesiœ parochialis de Campogenestoso, cui quòad ea quœ sequuntur et majora plenariam fidem adhibemus, personaliter constitutus Michael Nicole fecit, constituit et ordinavit, et adhuc benè facit, constitit (sic) et ordinat testamentum suum, seu suam ultimam voluntatem, in modum qui sequitur, ità dicens :

« † In nomine patris et filii et spiritûs sancti, amen.

Ego prœfatus Nicole, sanus mentis et intellectûs, licet in œgritudine sim graviter detentus, Deum habens prœ oculis, attendens et considerans quòd nichil est certius morte nichilque incertius horâ ejus, et quòd breves dies hominis sunt, nolens ab hoc sœculo intestatus decedere, ne mors, quod absit, inveniat me imparatum : idcircò facio testamentum meum in modum inferiùs annotatum.

Imprimis commendo animam meam altissimo creatori totique curiœ celesti, corpusque meum ecclesiasticœ sepulturœ tradi jubeo ; volens, prœcipiens legata quœ facio et debita quœ debeo integrè satisfaciantur et per-

____

(1) Voir page 41.

solvantur per manus executorum meorum inferiùs nominatorum.

Hœc sunt legata quœ facio :

Primo. Volo ut dicantur seu celebrentur tridecim missœ in die obitûs mei et totidem in die septum, vel magis et ad devotionem executorum meorum.

Item. — Volo ultrà ut dicantur et celebrentur duo centum missœ, videlicet centum pro patre et matre meis et pro defunctà uxore meâ et pro defuncto Guillelmo Beloys, et residuum videlicet centum pro remedio animœ meœ et animarum illorum quorum aliquid deffrandare (potuerim), de quibus non memoro pro prœsenti.

Item.— Volo ut Guillelmus et Gervasius « les Nicoles », filii mei, dicant aut dicere faciant quilibet centum illarum missarum, et pro solutione quilibet habeat sex scuta.

Item. — Volo habere luminare, ad voluntatem executorum meorum.

Item. — Volo unum nuntium mitti per modum peregrinationis apud Sanctum Michaelem in periculo maris, cum duodecim denariis offerendœ.

Item. — Volo alium nuntium mitti apud Sanctum Julianum, etiam cum duodecim denariis offerendœ.

Item. — Do et lego (altariis) sancti Gervasii, sancti Johannis, sancti Stephani dicti loci de Campogenestoso, cuilibet illorum, decem denarios, semel solvendos.

Item. — Do et lego fabricœ capellœ Nostrœ Dominœ decem denarios annui et perpetui redditûs, super unum hortum situm juxtà « la Croix Bouessée » (gallicè loquendo), abutentem ex uno buto itineri per quod itur de Campogenestoso apud Trancium, laterantem ex uno latere ad terram « aux Termeaux » et ex alio latere ad terram « aux Bruneaux ». Et ob causam feci ut reminiscat in ecclesià dicti loci de Campogenestoso festis annualibus.

Item. — Do et lego veniæ dictæ capellœ duos solidos cum dimidio, semel solvendos.

Item. — Do et lego (ecclesiis) Nostræ Dominœ de Ebron, Sancti-Martini de Castris, Sancti Frontonis de Mesengeyo, Sancti Michaelis in monte antedicti, Nostrœ Dominœ de Dulceyo, Mariœ-Madalenœ de Meduanà, Sanctœ Margaretœ de Vidisco, Sancti Petri de Handengeyo, Nostrœ-Dominœ-Pietatis in Villanà, cuilibet illorum, quinque solidos semel solvendos.

Item. — Sancti-Supplici de Vilpail, Sancti Laurentii de Montmeard [1], cuilibet illorum, vigenti denarios semel solvendos.

Item. — Do et lego.... quibus processiones ducuntur diebus Rogationum, in quolibet loco, duos denarios semel solvendos.

Item. — Do et lego filiolis et filiolabus meis, cuilibet duo solidos cum dimidio semel solvendos.

Item. — Do et lego Stephano Huart unum scutum.

Item. — Do et lego duobus nepotibus meis, videlicet Johanni et Roberto, cuilibet unum scutum, ut continuantur ad scollas.

Item. — Volo et ordino ut Johannes Nicole, filius meus, reddat michi. argentum ex quo adquisivimus quemdem redditum in villà Mesengeii super Gervasium Le Bourrelier, quia nichil volo in dicto redditu.

Item. Volo et ordino ut (solvantur) duo scuta domino de Cortandon vel ejus hœredibus ad desonerationem animœ meœ, a quo domino quondam acquisivi pro certà quantitate sommœ redditum super locum de la...

Item. — Trado omnia emolumenta bonorum meorum immobilium seu hereditagiorum in manibus executorum meorum, usquè ad quatuor annos et quatuor collectas integras et perfectas, pro faciendo et complendo

[1] Montmeard, en Courcité.

res superiùs dictas. Et si sit (residuum), post dictum ter-
minum, tàm de illo redditu quatuor annorum quàm de
bonis meis mobilibus, volo ut in bonis operibus disper-
gatur, ad voluntatem executorum meorum inferiùs no-
minandorum.

Item. — Do et lego nepoti meœ Guillemetœ, filiœ Johannis Nicole, lectum meum ubi ad prœsens quiesco.

Item. — Et quòd ità sit quod rector dicti loci de Campogenestoso et ego fecerimus quamdem permutationem
de rebus nostris, traddidi sibi trigenta solidos redditûs
cum tribus capponis, qui michi debebantur annuatim
super locum « de la Tercerie »; et michi tradidit unam
pleciam terrœ nuncupatœ aux Auxb..., continentem
quinque jugera terrœ vel circà, et unam pleccam prati
juxtà dictam terram, continentem unam dictam vel
circà, dictas res sitas in parrochià de Lupufulgerià,.
propè terras meas « de Lamboux », et quòd dictus red-
ditus sit majoris valoris quàm terra, michi facit unum
Subvenile in ecclesià dicti loci de Campogenestoso
diebus dominicis, in exitu aspersionis aquœ bene-
dictœ; dico sic quòd si... guarantizare dictam terram
et pratum, volo ut successores mei habeant possessionem a dicto redditu, excepto quod dimittantur sibi
decem solidi pro continuando dictum *Subvenile,* si
velit facere... in dictà ecclesià de Campogenestoso.

Item. — Dico et declaro quod, uxore meâ vivente, Johannes Nicole, filius meus, et ego eramus mediocriter
in bonis mobilibus, sed... usque modò fuimus et minùs,
ego et ipse, cum uxore suâ, in dictis bonis mobilibus.

Ad hœc exequenda et adimplenta ego constituo, no-
mino et eligo executores seu gagiatores meos videlicet
Guillelmum Nicole et Gervasium Nicole, presbiteros, et
Johannem Nicole, filios meos et eorum quemlibet in
solidum, ità quòd non melior sit conditio occupantis et
quòd unus ipsorum inciperit, per alium seu alios finiri

valeat : quibus executoribus do plenam potestatem et mandatum speciale omnia prœmissa et singula adimplendi. Et deputo omnia bona mea mobilia ad executionem presentis mei testamenti ; quòd ipsi accipiant possessionem dictorum bonorum meorum. Et si aliqua testamenta feci tempore prœterito, ea revoco penitùs et annulo et volo quòd ista scriptura, quam habeo pro testamento, valeat jure testamenti, vel eo jure quo potest et debet valere cujuslibet ultima voluntas cuibilet veri catholici. Et si in eo aliquid repertum fuerit duplex vel obscurum, volo ut interpretetur... et quòd robur obtineat firmum. Et ad majorem confirmationem omnium prœmissarum, volo ut istud testamentum sigilletur sigillo domini decani de Ebron ».

Et nos verò decanus prœdictus sigillum curiœ nostrœ prœsentibus litteris duximus apponendum in testimonio prœmissorum.

Datum et actum die duodecimâ mensis februarii, anno Domini millesimo quadringentesimo septuagesimo tertio (1473), prœsentibus ad hœc Michaele Mellot et Bertron Duchesnay et aliis pluribus fide dignis astantibus.

Signé : G. Mandel.

B

Enregistrement des lettres patentes de création de l'hôpital général de Mayenne [1]

(30 mars 1781)

Vu par la Cour les Lettres patentes du Roy, données à Versailles au mois de septembre mil sept cent quatre-vingt, — *signées* Louis et, plus bas, *par le Roy*, Amelot (visa Hue de Miromesnil), et scellées du grand sceau de cire verte en lacs de soye rouge et verte, — obtenues par les maire, échevins et habitans de la ville de Mayenne, — par lesquelles, pour les causes y contenues, le seigneur Roy a ordonné, statué, veut et lui plait ce qui suit :

Article premier. — A, ledit seigneur Roy, établi en la dite ville de Mayenne un hôpital général dans les lieux cy-après désignés, dans lequel tous les pauvres, tant mendiants qu'infirmes ou âgés de l'un et l'autre sexe, natifs ou originaires de ladite ville et de ses faubourgs ou qui en sont ou seront habitants depuis deux ans, de quelque âge qu'ils soient, valides ou invalides, ensemble les enfants orphelins abandonnés seront renfermés, nourris, entretenus, instruits dans la religion et employés, suivant leurs forces ou profession, aux ouvrages de manufactures ou autres travaux auxquels ils seront jugés propres et qui pourront les mettre en état de gagner leur vie, le tout sous l'administration cy-après établie et présente.

Article deuxième. — Ledit hôpital sera placé et établi dans les bâtimens, jardins et enclos du monastère éteint et supprimé des religieuses bénédictines de la Madelaine de ladite ville de Mayenne et appellé « Hôpital général de

[1] Voyez page 104.

la Madelaine de la ville de Mayenne » ; à l'effet de quoy, conformément à l'ordonnance de l'évêque du Mans du trente avril mil sept cent soixante-dix-neuf, attachée sous le contrexel desdites Lettres patentes et suivant les formes canoniques et civiles en tel cas requises et accoutumées, distraction sera faite au profit dudit hôpital général desdits bâtiments, jardins et enclos, ensemble du pré, dit de la Madelaine, en dépendant, pour le tout y demeurer réuni, à perpétuité, en pleine et incommutable propriété, permettant le dit seigneur roy qu'au-dessus de l'inscription, qui sera mise sur le portail d'icelui, l'écusson de ses armes soit placé et déclarant qu'il prend ledit hôpital général, avec tous ses droits, privilèges et dépendances, sous sa protection royale, sans toutes fois qu'il dépende de son Grand-aumônier en quelque manière que ce soit, ni qu'il soit ou puisse être, sous aucun prétexte, sujet à la visite des officiers de sa Grande-aumônerie, auxquels il interdit toute juridiction et connaissance.

Article troisième. — **Approuve et confirme, ledit seigneur Roy,** en tant que de besoin, le consentement donné par les Administrateurs de l'Hôtel-Dieu de Mayenne, par délibération du quinze avril mil sept cent soixante-dix-neuf, de céder et remettre pour l'avenir audit hôpital général le revenu des maisons et jardins du Pressoir, situés dans ladite ville, pour, par ledit hôpital général, en jouir en pleine propriété, en vertu et en conformité de la donation qui a été faite à cet effet par François Ricœur du Basmont, acceptée et confirmée par Lettres patentes du mois de septembre mil sept cent dix-neuf et qu'en tant que de besoin ledit seigneur Roy approuve et confirme de nouveau ; autorise aussi, en tant que de besoin, les Administrateurs dudit Hôtel-Dieu à passer et tous notaires à recevoir tous actes qui pourraient être jugés nécessaires pour réitérer les cession et consentement cy-dessus, ainsi que la cession des champs de la léproserie de Saint-Jacques.

Article quatrième. — Approuve et confirme, ledit seigneur Roy, les soumissions et obligations souscrites et acceptées sous signatures privées, les trente mars, quinze et vingt-un avril mil sept cent soixante-dix-neuf, de passer au profit dudit hôpital contrats de constitution des rentes qui suivent, sçavoir : par René Guiard, marchand de vin en gros, en Mayenne, de sept cent livres au principal de quatorze mille livres, par Renée Duval, fille majeure, demeurant à Mayenne, de cinquante livres au principal de mille livres, par Renée-Françoise Gasté, fille majeure, demeurant à Mayenne, de cent cinquante livres au principal de trois mille livres, et par François-René Morir de la Pitardière, prêtre vicaire, procureur et receveur de la Charité de la paroisse de Saint-Martin de Mayenne, de quatre-vingt-quinze livres au principal de dix-neuf cent livres, et, à cet effet, les autorise à passer et tous notaires à recevoir les contrats de constitution desdites rentes au profit dudit hôpital général, représenté et acceptant par ses Administrateurs.

Article cinquième. — Déclare, ledit seigneur Roy, ledit hôpital général capable, sous les modifications portées par l'Edit du mois d'aoust mil sept cent quarante-neuf, de tous dons, legs, aumônes, libéralités et fondations, soit par actes entre-vifs qui seront acceptés par les Administrateurs, soit par testament dont ils pourront demander l'exécution en justice et composer avec les parties intéressées, comme bon leur semblera.

Article sixième. — Pourront, lesdits Administrateurs, réclamer, par toutes voyes de droit, contre les contrevenants aux compromis toutes les sommes stipulées en faveur des pauvres, pour peine de l'inexécution desdits compromis.

Article septième. — Déclare, ledit seigneur Roy, appartenir audit hôpital général, à l'exclusion de tous héritiers à l'exception néanmoins des héritiers ascendants ou descendants en ligne directe, tous les biens meubles, effets, hardes et pécules que les pauvres, qui y décéderont, se trouveront y avoir apportés, acquis et possédés au jour de leur décès, sans qu'ils puissent en disposer en quelque manière que ce soit, si ce n'est du consentement des Administrateurs, donné par une délibération expresse, n'entendant néanmoins comprendre dans les dits biens ceux qui pourraient leur échoir par succession ou donation de leurs parents.

Article huitième. - Permet, ledit seigneur Roy, auxdits Administrateurs d'établir des troncs dans les églises de ladite ville de Mayenne et de faire quêter, tant dans les dites églises et lors des cérémonies publiques qu'en tous autres lieux de ladite ville.

Article neuvième. — Permet pareillement, ledit seigneur Roy, auxdits Administrateurs d'acquérir, posséder, constituer, vendre et aliéner tous héritages, rentes foncières ou constituées et généralement tous autres biens meubles et immeubles dudit hôpital général, pour son utilité et avantage, et de traiter et transiger sur tout ce qui le concernera sans aucune exception, sans qu'ils en soient ou puissent être responsables en leurs noms, à condition que, dans le cas d'acquisition, aliénation ou constitution de rentes, il ne pourra être passé aucuns actes qu'en vertu d'une délibération arrêtée dans une assemblée générale du Bureau d'administration.

Article dixième. — Pour la régie et administration spirituelle dudit hôpital général, il sera convenu, dans une assemblée dudit Bureau, du choix de deux ecclésiastiques qui seront présentés à l'évêque du Mans, pour celui des deux qui sera par lui agréé et nommé, être établi et reçu par les Administrateurs en qualité de chapelain dudit hôpital général, à l'effet d'y faire le service divin, instruire les pauvres dans la religion, leur administrer, ainsi qu'à tous les officiers et domestiques qui y seront demeurants, les sacrements dans tous les cas et dans tous les temps, avec faculté de recevoir, s'il en est requis, les testaments desdits pauvres seulement, en y appelant les témoins requis par la Coutume; et sera ledit chapelain destituable à volonté par une délibération du Bureau, laquelle contiendra, comme cy-dessus, choix et présentation audit évêque du Mans de deux autres ecclésiastiques pour par lui nommer l'un des deux à la place de chapelain, aux mêmes conditions.

Article onzième. — Le Bureau d'administration sera composé de six administrateurs-nés et perpétuels, de cinq administrateurs électifs, d'un greffier ou secrétaire et d'un receveur charitable. Les administrateurs nés et perpétuels seront :

Le juge civil de la Barre ducale de Mayenne, lequel aura la présidence et sera remplacé par le juge criminel et à son défaut par le lieutenant dudit siège, dans le cas d'absence, maladie ou autre légitime empêchement,

Le procureur ducal et en son absence l'avocat ducal,

Les curés de Notre-Dame et de Saint-Martin de la dite ville,

Le maire et un des officiers municipaux, qui sera, à cet effet, choisi et député par le Corps municipal.

Les cinq administrateurs électifs seront choisis, comme il sera dit cy-après, deux dans la robe, deux dans le commerce et un dans la bourgeoisie, et le greffier ou secrétaire ainsi que le receveur charitable dans les notables.

Article douzième. — La première élection des cinq administrateurs et desdits greffier et receveur charitable se fera dans l'assemblée générale de la dite ville, et, deux ans après la dite élection, deux des dits administrateurs sortiront de l'administration, suivant qu'il écherra par le sort, et deux autres du même ordre seront élus à leur place dans une assemblée générale du Bureau et à la pluralité des voix, et ainsi successivement de deux ans en deux ans ; pourront néanmoins, les dits deux administrateurs, être continués pendant deux autres années, pour des causes exprimées. La même forme sera observée dans tous les cas de vacance intermédiaire des places.

Article treizième. — L'évêque du Mans ou, en son absence, un de ses grands vicaires présideront aux assemblées ordinaires et extraordinaires lorsqu'ils se trouveront sur les lieux, conformément aux dispositions de l'Edit de seize cent quatre-vingt-quinze et de la Déclaration du douze décembre seize cent quatre-vingt-dix-huit. Ils pourront même requérir et faire convoquer les dites assemblées, si bon leur semble.

Article quatorzième. — Les assemblées ordinaires se tiendront le dimanche de chaque semaine, à trois heures de relevée, sauf à en indiquer d'extraordinaires par billets, dans le cas de nécessité ; et, chaque année, il en sera tenu deux générales, le premier dimanche des mois de janvier et de juillet, auxquelles pourront assister tous les anciens administrateurs et les principaux notables habitants ayant droit d'assister à celle de la ville.

Article quinzième. — Il sera tenu par le greffier et secrétaire du Bureau un registre sur lequel seront inscrites et signées toutes les délibérations de l'administration, lequel sera coté, paraphé et signé par le président de la dite administration, par première et dernière page, et sera déposé dans le lieu de l'assemblée, sans pouvoir en être déplacé, si ce n'est de la manière et suivant les formes prescrites pour tous les dépôts publics et judiciaires.

Article seizième. — Il sera remis au receveur charitable et par lui tenu un registre journal coté, paraphé et signé comme cy-dessus, dans lequel il inscrira, jour par jour, sur deux colonnes, les recettes et dépenses de toute nature concernant ledit hôpital général ; et aura, ledit receveur charitable, séance après les Administrateurs et voix délibérative dans toutes les affaires qui seront mises en délibération, autres néanmoins que celles concernant ses fonctions et ses comptes.

Article dix-septième. — Déclare, ledit Seigneur Roy, le dit greffier et le dit receveur charitable, ensemble les médecins et chirurgiens dudit hôpital général, pendant tout le temps de l'exercice de leurs fonctions, exempts de tutelle, curatelle, logement de gens de guerre, corvées, guet, garde et autres charges publiques.

Article dix-huitième. — Pourront les dits Administrateurs, au nombre de cinq, prendre, dans les assemblées ordinaires, des délibérations arrêtées à la pluralité des voix sur toutes les affaires qui se présenteront, autres néanmoins que celles concernant les acquisitions, aliénations, ventes, emprunts, procès à intenter ou autres affaires importantes, pour lesquelles il sera convoqué des assemblées générales par billets ; dans lesquelles assemblées générales les délibérations ne pourront être faites et arrêtées que dans le cas où les deux tiers des administrateurs seraient réunis ; et seront toutes les délibérations des assemblées, tant ordinaires que générales, signées de tous les délibérants et exécutées selon leur forme et teneur.

Article dix-neuvième. — Il sera nommé par le Bureau, chaque semaine ou chaque quinzaine, le nombre d'administrateurs qui sera jugé nécessaire pour veiller journellement, dans le dit hôpital général, au maintien de l'ordre et de la police, à la dépense intérieure et à l'exécution des règlements, ordonner provisoirement, suivant l'exigence des cas, ce qu'ils croiront utile et nécessaire à ce sujet, même signer et délivrer des mandements sur le receveur charitable pour les cas de besoins tant ordinaires qu'imprévus ; de tous lesquels objets ils feront leur rapport, chaque semaine, aux assemblées ordinaires du Bureau, pour y être pourvu définitivement s'il y a lieu.

Article vingtième. — Ledit receveur charitable sera tenu de donner au Bureau tous les trois mois un bordereau de lui signé et certifié véritable, des recettes et dépenses par lui faites et de présenter et affirmer, dans le mois de janvier de chaque année, un compte général de l'année précédente distribué en chapitres de recette, dépense et reprises relatives à chaque nature de recette et dépense, avec les pièces justificatives ; dans laquelle dépense il emploiera les déboursés par lui faits pour le papier, les copies dudit compte et autres menues dépenses qui lui seront allouées sur sa déclaration ; et sera ledit compte reçu et examiné par un ou deux administrateurs nommés à cet effet par le Bureau et ensuite, sur le rapport qu'ils en feront dans une assemblée ordinaire, apostillé, arrêté et signé tant par les administrateurs présents que par ledit receveur charitable sur deux doubles, dont l'un sera remis audit receveur et l'autre restera et sera déposé avec les pièces justificatives aux archives dudit hôpital général.

Article vingt-unième. — Il sera fait, dans le meilleur ordre possible, un inventaire de tous les titres concernant les érections, fondations, droits, privilèges, propriétés, réglements et tous autres objets relatifs au dit hôpital général, pour être le tout déposé et conservé dans un lieu d'archives à ce destiné et dans une ou plusieurs armoires, fermant à deux serrures, dont une des clefs restera entre les mains du président du Bureau et l'autre entre celles de l'un des administrateurs qui sera choisi à cet effet ; et ne pourront les dits titres inventoriés et déposés, ainsi que ceux qui seront ajoutés par la suite, être déplacés ni pris en communication par aucun des administrateurs ou autres qu'en donnant par eux, sur un registre qui restera aux dits archives, leur récépissé à côté duquel il sera, pour leur décharge, fait mention, par le président et administrateur dépositaire des deux clefs, de la remise lorsque lesdits titres auront été rapportés et rétablis.

Article vingt-deuxième. — Défend, ledit Seigneur Roy, à tous huissiers et autres officiers de justice de faire ni signifier aucunes assignations, demandes, sommations, offres et autres actes judiciaires aux Administrateurs autrement qu'en nom collectif et ailleurs qu'au Bureau dudit hôpital général, en la personne du greffier ou secrétaire, à peine de nullité desdits actes.

Article vingt-troisième. — Veut, ledit Seigneur Roy, que toutes les causes, instances et procès, tant en demandant qu'en défendant ou intervenant, concernant les biens, droits et actions personnelles, réelles ou mixtes dudit hôpital général soient portées, en première instance, devant les juges de la Barre ducale de Mayenne, auxquels ledit Seigneur Roy en attribue la connaissance et icelles interdit à tous autres juges, encore que ce fût hors du ressort de ladite juridiction de Mayenne, sauf l'appel en la Cour.

Article vingt-quatrième. — Pourront lesdits administrateurs faire dans les assemblées générales tels règlements de police, gouvernement et économie qu'ils croiront nécessaires, relativement soit aux pauvres renfermés, soit aux pauvres mendiants, au dehors dudit hôpital général, à la charge de les faire homologuer en la Cour, sur les conclusions du procureur général du Roy; et pour l'exécution d'iceux, ledit Seigneur Roy leur attribue tous pouvoir, autorité, direction, correction et châtiment sur tous les pauvres renfermés et, à cet effet, leur permet d'avoir dans ledit hôpital général des prisons avec un poteau et un carcan pour les punitions de correction, sauf les cas de délits et crimes punissables suivant les ordonnances, pour lesquels ceux desdits pauvres, qui s'en trouveront prévenus, seront remis ès mains des juges ordinaires, poursuivis à la requête du procureur du Roy et jugés ainsi que de droit.

Article vingt-cinquième. — Permet, ledit Seigneur Roy, aux dits Administrateurs d'établir dans ledit hôpital général, en se conformant aux règlements, telles manufactures qu'ils aviseront, pour y faire fabriquer toutes sortes d'étoffes et ouvrages qu'ils pourront faire vendre et débiter au profit des pauvres ; à l'effet de quoi, ils choisiront tels maîtres et compagnons qu'ils jugeront à propos, pour y dresser et conduire les pauvres qui y seront occupés, voulant que ceux desdits maîtres, qui seront établis et demeurant dans la ville, soient exempts, pendant le temps qu'ils donneront leurs soins aux dites manufactures et fabriques, de tutelle, curatelle, corvées, logement des gens de guerre, guet, garde et généralement de toutes charges publiques, comme aussi que les compagnons, qui y auront été employés pendant six ans, acquièrent le droit de maîtrise et soient admis et reçus dans les Communautés d'arts et métiers de ladite ville sur les certificats des Administrateurs et sans payer aucuns frais ; et seront ceux des pauvres, qui y auront appris leur métier, réputés compagnons après six années de travail et de bonne conduite et admis comme maîtres dans les dites Communautés, après quatre autres années de travail dans ledit hôpital général.

Article vingt-sixième. — Veut, ledit Seigneur Roy, qu'en cas de maladie des pauvres dudit hôpital général, ils puissent être envoyés et soient reçus à l'Hôtel-Dieu de Mayenne, pour y être assistés et traités jusqu'à leur convalescence et ensuite renvoyés au dit hôpital général.

Article vingt-septième. — N'entend, ledit Seigneur Roy, qu'aucuns emplois ou offices qui seront établis et conférés par les Administrateurs dudit hôpital général soient ni puissent être perpetuels, ni que les personnes qui en seront revêtues puissent prétendre former corps et communauté, — veut, au contraire, que lesdits emplois ou offices soient accordés et ôtés à volonté par lesdits Administrateurs, après toutefois qu'il en aura été délibéré dans une assemblée, — dérogeant à tous Edits, Déclarations, Arrêts et Règlements qui pourraient être contraires aux dites lettres patentes, lesquelles, ledit Seigneur Roy, veut être exécutées selon leur forme et teneur et ainsi qu'il est plus au long contenu ès dites lettres patentes à la cour adressantes.

Vu ensemble :

— Un acte, en forme de décret, rendu par Pierre-Rogier de Crévy, évêque du Mans, le quinze novembre mil sept cent dix-huit, signé dudit évêque, contresigné par son secrétaire, scellé de l'empreinte de ses armes et attaché sous le contre-scel desdites lettres patentes, par lequel appert que, sur la requête à lui présentée par les officiers municipaux et habitants de ladite ville de Mayenne, ledit évêque aurait loué et approuvé, sous le bon plaisir du Roy, un projet de donation sous-signature privée, en date du six juin mil sept cent dix-sept, par lequel François Ricœur du Basmont, habitant de Mayenne, se serait proposé de céder, au dit titre de donation, aux dits officiers municipaux et habitants, les maisons et jardins du Pressoir, sis en ladite ville de Mayenne, appartenant audit Ricœur du Basmont, pour servir à l'établissement dudit hôpital général.

— Un contrat passé devant Le Pouriel et Guimond, notaires royaux à Mayenne, le quatorze juillet mil sept cent dix-neuf et attaché sous le contre-scel des dites lettres patentes, par lequel appert que ledit François

Ricœur du Basmont aurait fait donation entre-vifs et irrévocable aux pauvres de ladite ville de Mayenne, représentés par les syndic et habitants d'icelle, suivant une délibération de la communauté de ladite ville du quatorze décembre mil sept cent dix-sept, de toutes les maisons et jardins du Pressoir, sis en ladite ville de Mayenne, à lui appartenant et évalués par ledit acte à la somme de deux mille neuf cent quatre-vingt-dix livres, pour servir à l'établissement d'un hôpital général dans ladite ville, sous la réserve en faveur dudit donateur, des siens et de ses ayants-cause de la faculté de rentrer dans la propriété, possession et jouissance desdits biens, si ledit établissement n'avait pas lieu ou se trouvait par la suite entièrement abandonné, son intention étant de ne donner que pour cette œuvre seulement et non en faveur d'aucun autre établissement.

—Autre acte sous signatures privées, en date du trente-un mars mil sept cent soixante-dix-neuf, pareillement attaché sous le contre-scel des dites lettres patentes, par lequel appert que René Guyard, marchand de vins à Mayenne, se serait soumis à donner en faveur de l'établissement dudit hôpital général, en cas qu'il eût lieu, une rente constituée de sept cent livres au principal de quatorze mille livres, payable à compter du jour de l'obtention des lettres patentes confirmatives dudit établissement, au profit dudit hôpital jusqu'à l'amortissement qu'il lui serait loisible de faire de ladite rente à sa volonté, sans pouvoir y être contraint, à la charge que, dans le cas où les dites lettres patentes ne seraient point obtenues, la dite soumission serait de nul effet ; ensuite de laquelle soumission est un acte d'acceptation d'icelle, fait et signé par les officiers municipaux de ladite ville de Mayenne le huit may mil sept cent soixante-dix-neuf.

—Autre acte sous signature privée, en date du quinze avril mil sept cent soixante-dix-neuf, pareillement attaché sous le contre-scel des dites lettres patentes, par lequel appert que Renée Duval, fille majeure, demeurant à Mayenne, se serait soumise à donner en faveur de l'établissement dudit hôpital général, au cas qu'il eût lieu, une rente annuelle de cinquante livres au principal de mille livres, dont la première année serait payable au jour de l'Enregistrement des lettres patentes confirmatives dudit établissement au profit dudit hôpital général jusqu'à l'amortissement qu'il lui serait loisible de faire de ladite rente, à sa volonté, sans pouvoir y être contrainte, à la charge que, dans le cas où ledit établissement n'aurait pas lieu, ladite soumission demeurerait nulle et sans effet; ensuite de laquelle soumission est un acte d'acceptation d'icelle, fait et signé par les officiers municipaux de ladite ville de Mayenne le huit may mil sept cent soixante-dix-neuf.

—Autre acte sous signature privée, en date du quinze avril mil sept cent soixante-dix-neuf, pareillement attaché sous le contre-scel desdites lettres patentes, par lequel appert que Renée Gasté de Parc, fille majeure, demeurant à Mayenne, se serait soumise à donner en faveur de l'établissement dudit hôpital général, au cas qu'il eût lieu, une rente annuelle de cent cinquante livres au principal de trois mille livres, dont la première année serait payable au jour de l'Enregistrement desdites lettres patentes confirmatives dudit établissement au profit dudit hôpital général jusqu'à l'amortissement qu'il lui serait loisible de faire de ladite rente à sa volonté, sans pouvoir y être contrainte, à la charge que, dans le cas où ledit établissement n'aurait pas lieu, ladite soumission demeurerait nulle et sans effet; ensuite de laquelle soumission est un acte d'acceptation d'icelle, fait et signé par les officiers municipaux de la dite ville de Mayenne le huit may mil sept cent soixante-dix-neuf.

— Autre acte sous signature privée, en date du vingt-un avril mil sept cent soixante-dix neuf, pareillement attaché sous le contre-scel des dites lettres patentes, par lequel appert que François-René Morin de la Pitardière, prêtre, vicaire, procureur et receveur de la Charité de la paroisse de Saint-Martin de Mayenne, comme représentant une personne pieuse qui avait l'intention de contribuer à l'établissement dudit hôpital général, se serait soumis à donner, audit nom et pour ladite personne, en faveur dudit établissement, en cas qu'il eût lieu, une rente de quatre-vingt-quinze livres, au principal de dix-neuf cents livres, dont la première année commencerait à courir six mois après la date des lettres patentes confirmatives dudit établissement jusqu'à l'amortissement qu'il lui serait loisible de faire de ladite rente, sans pouvoir y être contrainte, à la charge que, dans le cas où le dit établissement n'aurait pas lieu, ladite soumission demeurerait nulle et sans effet ; ensuite de laquelle soumission est un acte d'acceptation d'icelle, fait et signé par les officiers municipaux de ladite ville de Mayenne le huit may mil sept cent soixante-dix-neuf.

— Un extrait du registre des délibérations du Bureau d'administration de l'Hôtel-Dieu de Mayenne collationné, signé et délivré par Guyard, greffier dudit Bureau, et attaché sous le contre-scel desdites lettres patentes, par lequel appert que les Administrateurs de l'Hôtel-Dieu, assemblés en la manière accoutumée le quinze avril mil sept cent soixante-dix-neuf, en considération des mesures actuellement prises pour réaliser le projet d'établissement d'un hôpital général dans la dite ville de Mayenne et concourir au maintien de cet établissement auraient unanimement offert — de rendre et céder, sous le bon plaisir dudit seigneur Roy, les maisons et jardins du Pressoir compris en la donation de François Ricœur du Basmont, du quatorze juillet mil sept cent dix-neuf, qui avait eu pour objet ledit établissement et dont ledit Hôtel-Dieu avait été en possession, par intérim, pendant le temps que le défaut d'un emplacement convenable avait tenu en suspens la consommation de ce projet, — et d'y joindre des fonds de terre de la valeur de trois cent trente-trois livres de revenu appartenant à une ancienne maladrerie de Saint-Jacques, — pour du tout jouir, par ledit hôpital général, dans l'état où lesdits objets se trouveraient lors de l'Enregistrement des lettres patentes confirmatives dudit établissement, — et auraient prié les officiers municipaux de la dite ville de Mayenne d'accepter lesdites cessions et de poursuivre le projet dudit établissement.

— Un acte, en forme de décret, rendu par François-Gaspard de Jouffroy Gonssans, évêque du Mans, le trente avril mil sept cent soixante-dix-neuf, signé dudit évêque et contresigné par son secrétaire, scellé de l'empreinte de ses armes et attaché sous le contre-scel des dites lettres patentes, par lequel appert que ledit évêque aurait déclaré approuver le projet d'établissement dudit hôpital général dans la ville de Mayenne et, sur la demande formée par les officiers municipaux de ladite ville à fin de distraction en faveur dudit établissement — sur les biens composant l'ancien monastère des Bénédictines de la Madeleine de Mayenne, dont la suppression avait été prononcée en mil sept cent quarante-trois et entièrement effectuée par le décès de la dernière des religieuses en mil sept cent soixante-deux, — des corps de logis, bâtiments, chapelle, lieux claustraux, jardins, vergers et enclos dudit monastère, ainsi que du pré, dit de la Madeleine, où se tient la foire de la Madeleine, — aurait, ledit évêque, en se réunissant à la duchesse de Mazarin, dame de Mayenne et auxdits officiers municipaux pour l'obtention de l'établissement dudit hôpital général, réservé à donner son décret, après l'obtention

des lettres patentes du Roy, pour statuer sur la distraction desdits corps de logis, bâtiments, chapelle, lieux
claustraux, jardins, vergers et enclos dudit monastère
et dudit pré de la Madeleine et sur l'union desdits objets
audit hôpital général, pour en former le chef-lieu et principal hospice d'icelui.

Vu aussi :

— La requête présentée à la Cour par lesdits maire,
échevins et habitants de la ville de Mayenne, impétrants
à fin d'Enregistrement desdites lettres patentes.

— L'arrêt rendu sur les conclusions du procureur général du Roy le douze décembre mil sept cent quatre-vingt,
par lequel la Cour, avant de procéder audit enregistrement, aurait ordonné que d'office, à la requête du procureur général du Roy en la sénéchaussée de Bourgnouvel,
séante à Mayenne, et par devant le lieutenant-général au
dit siège, il serait informé de la commodité ou incommo-
dité que peut apporter l'établissement en ladite ville de
Mayenne d'un hôpital général pour tous les pauvres,
tant mendiants qu'infirmes ou âgés de l'un et de l'autre
sexe, natifs originaires ou habitants depuis deux ans de
ladite ville et de ses faubourgs, lequel sera placé dans
les bâtiments, jardins et enclos désignés par les lettres
patentes du mois de septembre mil sept cent quatre-
vingt, régi et administré conformément aux dispositions
desdites lettres patentes et aux charges, clauses et conditions y portées, — comme aussi ordonné que lesdites
lettres patentes seraient, à la diligence des impétrants,
communiquées à l'Evêque du Mans, aux officiers et
procureur fiscal exerçant la police en ladite ville de
Mayenne, pour donner, chacun en ce qui le concerne,
leur avis sur le contenu ès dites lettres patentes; lesquelles
seraient pareillement, à la diligence des impétrants, communiquées aux maire, échevins et notables habitants
de ladite ville et faubourgs de Mayenne convoqués et

assemblés en la manière accoutumée, aux directeurs et administrateurs de l'Hôtel-Dieu de la même ville, aussi assemblés, à René Guyard, marchand de vins en gros à Mayenne, à Renée Duval, fille majeure, et à François-René Morin de la Pitardière, vicaire de la paroisse de Saint-Martin, tous demeurant en ladite ville de Mayenne, pour donner, chacun en droit soi, leur consentement à l'Enregistrement et exécution desdites lettres patentes ou y dire autrement, ce qu'ils aviseraient, — pour le tout, fait, rapporté et communiqué au procureur général du Roy, être par lui pris telles conclusions et par la Cour ordonné ce qu'il appartiendrait.

— L'information faite d'office à la requête du procureur général du Roy, en exécution dudit arrêt de la Cour, les trente décembre mil sept cent quatre-vingt et deux janvier mil sept cent quatre-vingt-un, par devant le sénéchal juge royal en la sénéchaussée de Bourgnouvel, séante à Mayenne, poursuite et diligence du substitut du procureur général du Roy au dit siège, composée de vingt témoins, qui tous ont unanimement déposé — que la consommation de l'établissement anciennement projeté d'un hôpital général dans la ville de Mayenne, pour le soulagement et la retraite de tous les pauvres et infirmes des deux sexes et de tout âge et même pour l'instruction des enfants sans parents et sans fortune, ne peut être que d'un très grand avantage non-seulement pour ladite ville, mais encore pour toutes les paroisses circonvoisines, particulièrement depuis que la mendicité est absolument interdite dans le Royaume, — qu'à cet avantage se joint celui de procurer de l'occupation à ceux des pauvres qui sont en état de travailler par l'autorisation des manufactures dans ledit hôpital et l'émulation que donneront aux ouvriers qui y seront employés, l'espoir de parvenir à la maîtrise des communautés et les immunités accordées à ceux des maîtres qui voudront bien apporter leurs soins à leur manutention, — que d'un autre côté ledit hôpital ne peut être placé dans un endroit plus convenable et plus commode, ni exposé à un air plus salubre que dans les bâtiments et enclos du monastère supprimé des Bénédictines de la Madeleine — et qu'enfin l'administration dudit hôpital général ne peut être réglée sur un meilleur plan que celui qui est tracé dans lesdites lettres patentes ; — à quoi deux desdits témoins, savoir, les dix-neuvième et vingtième, ont ajouté qu'il serait à désirer que la peine du carcan, autorisée par l'article vingt-quatre des lettres patentes pour les punitions et corrections des pauvres dudit hôpital qui se trouveraient en faute, n'eût point lieu, parce qu'il pourrait arriver que le peuple, sujet à se prévenir facilement, ne confondit cette peine avec celle du carcan infligée pour crime par la justice ordinaire et qu'il n'en résultât de grands inconvénients, tels que des rixes et des difficultés pour l'établissement de ceux qui auraient été ainsi punis par l'autorité du Bureau de l'administration ; et ledit vingtième témoin a, en outre, observé que le même article vingt-quatre desdites lettres patentes donne aux administrateurs sur la détention en prison un pouvoir qui peut dégénérer en abus, que l'usage de cette correction ne devrait être employé que pour vingt-quatre heures au plus, sur le simple ordre de l'administrateur en exercice, sauf, dans les cas qui mériteraient une réclusion plus prologée, à en référer de la part dudit administrateur en exercice au Bureau d'administration, lequel ne pourrait lui-même prolonger le séjour du délinquant dans la prison de l'hospice qu'en vertu d'une délibération prise et signée par cinq délibérants au moins.

—Un acte passé devant Céline et son confrère, notaires au Châtelet de Paris, le dix-huit janvier mil sept cent quatre-vingt-un, par lequel appert que ledit François-

Gaspard de Jouffroys Goussans, évêque du Mans, après avoir, en exécution dudit arrêt de la Cour, pris communication des dites lettres patentes, a déclaré consentir à leur enregistrement et exécution.

—Un extrait collationné et signé par Gonny, greffier du baillage ducal de Mayenne, des registres des délibérations des officiers dudit siège exerçant la police en ladite ville, par lequel appert que lesdits officiers et le procureur fiscal audit siège, assemblés le huit janvier mil sept cent quatre-vingt-un, après avoir, en exécution dudit arrêt de la Cour, pris communication desdites lettres patentes, ont observé unanimement et reconnu que l'établissement d'un hôpital général à Mayenne est le bien le plus instant qu'il soit possible de procurer à cette ville; que ledit siège de la police s'est jusqu'à présent vainement occupé de différents règlements pour arrêter la mendicité et prévenir les abus, sans hospice où recevoir les pauvres; que les règlements n'ont pu être exécutés; qu'actuellement l'hôpital général présentera le moyen de décharger la société du spectacle affligeant de la misère, lui rendra des sujets errants et vagabonds, préviendra les abus que la détresse et l'oisiveté n'ont que trop partagés; que les pauvres instruits, surveillés par le chapelain reprendront leur devoir de chrétiens; que la vigilance et la sollicitude de l'évêque du Mans ne pourront qu'y faire fleurir, de plus en plus, la religion et accroître, dans des sujets négligés, l'amour de la piété, des mœurs; que la situation de l'hôpital dans les bâtiments de la Madeleine est des plus avantageuses; que placés à l'extrémité du faubourg, sur une élévation, les pauvres y respireront un air sain et vif, assez à proximité pour recevoir les secours et les soins des administrateurs, assez éloigné du centre et de la partie la plus habitée pour n'être pas distraits par les visites et la curiosité des allants et venants; que, dans cette position, l'hôpital aura les avantages de la proximité, sans ressentir les inconvénients d'un voisinage trop dangereux ; que les bâtiments subsistants offrent le moyen d'y établir les pauvres ; que les revenus désignés par lesdites lettres patentes présentent des moyens suffisants pour commencer l'établissement ; que la culture de l'enclos occupera ceux qui, jusqu'à présent ont travaillé à la terre ; que la fabrique des toiles telles qu'elles se manufacturent dans le pays offre dans un travail sédentaire toutes les facilités d'occuper les pauvres de tous les âges, même ceux que des infirmités forcent de rester en place ; que du travail commun bien dirigé on ne peut qu'espérer d'étendre les secours à un grand nombre de pauvres ; que l'émulation d'un côté et de l'autre la vigilance et la fermeté de l'administration deviendront une source abondante de moyens pour étendre et faire prospérer cet établissement ; qu'il sera sans doute la ressource la plus sûre dans les temps malheureux de cessation de commerce, que le pays n'éprouve que trop souvent, et dans les calamités fréquentes dont la ville de Mayenne et ses environs sont affligés ; que les dispositions sages, détaillées dans lesdites lettres patentes, paraissant, du côté de l'administration, avoir assuré les intérêts des pauvres et la conservation du patrimoine qui leur est concédé, on ne peut plus qu'en espérer l'augmentation et l'emploi le plus sage, du soin, du zèle, de la vigilance et du désintéressement de ces sortes d'administrations dont la ville offre plusieurs exemples ; que les règlements qui resteront à faire à l'administration sous l'autorité de la Cour, en ordonnant tous les détails, pourvoiront sans doute au maintien du bon ordre intérieur, de la police la plus exacte et de la dispensation juste des récompenses et des châtiments ; que si les lettres patentes semblent présenter dans la punition du carcan et dans la prison des peines trop rigoureuses, peut-être même flétrissantes par le préjugé local, ces peines infligées à la dernière extrémité sur l'avis des administrateurs assemblés deviendront, par leur rareté, par la solennité avec laquelle elles pourront être ordonnées, la terreur du perturbateur du bon ordre et l'avant-coureur de la proscription d'un sujet rebelle à toutes les instructions, à toutes les voies de conciliation qui auront précédé ; qu'ainsi du côté de la police cet établissement présente des facilités désirées depuis longtemps, que le citoyen occupé rarement trouble l'ordre, que les pauvres exercés dans l'hôpital, instruits de leur religion, élevés dans les principes de la vertu, deviendront des exemples à citer et pourront, au sortir de l'hôpital, porter dans la société les vertus et les talents qu'ils y auront reçus ; que soignés, nourris, vêtus, ils ne seront plus exposés aux maux de la détresse tant au physique qu'au moral, qu'exercés au travail ils pourront en prendre le goût et l'inspirer ; que lesdits officiers de police ne peuvent donc qu'applaudir au zèle des officiers municipaux et aux sages dispositions du règlement qu'ils ont sollicité et obtenu de la bienfaisance du Roy, que s'unir à eux pour supplier la Cour de mettre la dernière main à une opération aussi avantageuse, aussi essentielle au pays, et de mettre le plus tôt possible la ville de Mayenne à portée de jouir de tous les avantages qu'elle se croit en droit d'en attendre, c'est un bienfait qui ne peut venir dans un temps plus convenable, après l'épidémie affreuse qui a dévasté le pays pendant les deux dernières années, qui a enlevé à beaucoup de familles leur soutien et en a laissé d'autres languissantes et réduites, par la cessation du travail, à la dernière détresse,

— Un extrait collationné et signé par Guimond, secrétaire du Bureau de la ville de Mayenne, des registres des délibérations des officiers municipaux de ladite ville, par lequel appert que les maire et échevins, conseillers de ville, notables des différents corps et communautés d'habitants de ladite ville et le substitut du procureur général du Roy audit bureau, convoqués et assemblés en la manière accoutumée le quatre janvier mil sept cent quatre-vingt-un, après avoir, en exécution dudit arrêt de la Cour, pris communication desdites lettres patentes, ont unanimement déclaré consentir à leur enregistrement et exécution.

— Un extrait, collationné et signé du procureur et l'un desadministrateurs de l'Hôtel-Dieu de Mayenne, du registre des délibérations dudit Bureau d'administration, légalisé le trois janvier mil sept cent quatre-vingt-un par le sénéchal de Bourgnouvel, séant à Mayenne, par lequel appert que les directeurs et administrateurs dudit Hôtel-Dieu, assemblés en la manière accoutumée le trente-un décembre mil sept cent quatre-vingt, après avoir, en exécution dudit arrêt de la Cour, pris communication desdites lettres patentes, ont unanimement déclaré consentir, en ce qui concerne ledit Hôtel-Dieu, à leur enregistrement et exécution.

— Un acte passé devant de la Bécanière et son confrère, notaires royaux à Mayenne, le quatre janvier mil sept cent quatre-vingt-un, légalisé le douze des mêmes mois et an par ledit sénéchal de Bourgnouvel, par lequel appert que Renée Duval de la Gripassière, fille majeure, Renée-Françoise Gasté du Parc, aussi fille majeure, François-René Morin, prêtre, dépositaire des intentions verbales de feue Anne Richard, fille, et René Guyard, marchand de vins à Mayenne, après avoir, en exécution dudit arrêt de la Cour, pris communication desdites lettres patentes, ont unanimement déclaré persister dans l'intention, portée en leurs soumissions des trente-un mars, quinze et vingt-un avril mil sept cent soixante-dix-neuf, de faire les dons y énoncés à l'hôpital général de Mayenne et consentir à l'enregistrement et exécution des dites lettres patentes.

Conclusions du procureur général du Roy,

Ouï le rapport de Me François-Emmanuel Pommier, conseiller,

Tout considéré,

La Cour ordonne que lesdites lettres patentes seront enregistrées au greffe de la Cour pour jouir, par les impétrants, de l'effet et contenu en icelles et être exécutées selon leur forme et teneur, à la charge que les contrats d'acquisitions, constitutions, ventes et aliénations, autorisées par l'article neuf desdites lettres patentes, ne pourront avoir d'exécution qu'après avoir été dûment homologués en la Cour en la manière accoutumée, si faire se doit, comme aussi à la charge que, conformément à l'article onze de la déclaration du Roy du douze décembre mil six cent quatre-vingt-dix-huit, les vicaires généraux qui, en l'absence de l'évêque, assisteront aux assemblées tant ordinaires que générales du Bureau d'administration dudit hôpital, y auront seulement voix délibérative et séance après celui des administrateurs qui présidera ledit Bureau, et, en outre, à la charge, sous le bon plaisir du Roy, qu'il ne pourra être fait usage pour les punitions et corrections, autorisées par lesdites lettres patentes, des poteau et carcan énoncés en l'article vingt-quatre d'icelles.

Fait, en Parlement, le trente mars mil sept cent quatre-vingt-un.

Signé : **Dufranc.**

C

Pillage du chateau du Val [1]

Le dix-neuvième jour de février mil sept cent quatre vingt douze ;

Nous, Officiers municipaux du Ribay (le maire absent par maladie [2]), soussignés,

Sur le bruit public et avéré qu'un attentat inouï et un délit affreux avaient été commis, le dix-sept du présent mois, dans la maison de madame de Cauvigny [3], située au lieu du Val, dans le territoire de notre commune,

Nous sommes assemblés et transportés en écharpe dans ladite maison, pour nous assurer par nous-mêmes des délits et y remédier.

En connaissant les auteurs et l'aspect affreux et hideux du pillage et du coup cruel porté à la Déclaration des Droits de l'homme, à notre Constitution et à la Loi, nous n'avons pu nous empêcher de répandre des larmes.

Le cœur sanglotant, nous sommes entrés dans un vestibule pavé de débris de faïence, de vitres et de leurs chassis.

Nous y avons encore aperçu une armoire et une porte de cave fracturées à coups de hache ou autre instrument destructif. Un ciseau à froid, un vouge brisé et une hache étaient encore sous nos yeux.

Transportés dans la salle, le spectacle qui se décou-

(1) Voir page 142.

(2) Julien Thuault, maire du Ribay, né en cette commune, le 26 novembre 1746, du mariage de Julien Thuault et de Marie Bergue, avait épousé, le 19 novembre 1776, Jeanne Jouis, fille de Julien Jouis et de Jeanne Duhail.

(3) Anne-Henriette-Françoise de Moré, née au château du Val, le 22 janvier 1724, du mariage de Louis-Julien de Moré avec Barbe-Radégonde Lhermite, épousa, au Ribay, le 2 décembre 1745, Guillaume de Cauvigny, seigneur de Venoix. Les époux Moré-Lhermitte moururent au Val, le mari le 24 juin 1756 et la femme le 4 mai 1767.

vre à nos yeux est encore plus triste ; nous y avons trouvé une commode brisée, des papiers épars et fouillés, un pavé couvert de meubles brisés, de bouteilles et de vitres cassées.

Passant ensuite dans deux cabinets attenant à la salle, nous avons trouvé pareil pillage, une armoire défoncée, des meubles brisés, du linge épars et foulé aux pieds.

Passant de là à la cuisine sur des débris de portes et de pillage, nous y avons trouvé une armoire forcée, des chassis de croisées brisés avec leurs vitres.

Montés dans les chambres et cabinets, nous y avons trouvé une armoire ou commode brisée, dont les tiroirs étaient épars ; nous avons trouvé aussi une malle brisée, laquelle malle nous a paru renfermer beaucoup de titres de propriété, dont il est très à craindre qu'il en ait été soustrait. Nous avons aperçu une partie du parquet défoncé.

Nous nous sommes ensuite transportés dans une cave dont l'ouverture donne sur la cour ; laquelle cour était encore, malgré la neige, couverte des débris du pillage. Nous y avons vu une porte fracturée à coups de hache, qui pouvait à peine ouvrir, tant les fragments de faïence et de bouteilles étaient considérables ; nous y avons de plus trouvé des meubles renversés et épars.

Voulant connaître les auteurs de tant de délits, nous sommes rentrés dans la salle où ont comparu devant nous :

Françoise Peltier, veuve Lenormand, constituée gardienne par madame de Cauvigny, demeurant à Caen depuis grand nombre d'années et qui ne s'est fait connaître dans notre paroisse que par des bienfaits ;

Anne Jouis [1], femme de Julien Goupil, fermier, pour lors malade ;

(1) Anne Jouis était la sœur de Jeanne Jouis, épouse de Julien Thuault, alors maire du Illbay.

Jeanne Lesaule ;

Grégoire Riche (ou Richer), homme domestique du fermier ;

Michelle Lahaye, servante de la maison ;

Et Michel Neveu, domestique du moulin qui avoisine la maison.

Tous nous ont déclaré :

Que le dix-sept du présent mois, sur les deux heures après-midi, le sieur Margerie, maire et notaire de Javron, Lahorie fils, Piette fils, Lemarchant, Berson, Cottereau, Richomme dit Raide-fin et Fortin, escortés d'une vingtaine de brigands auxquels se joignit Jacques Levêque, fils aîné, demeurant au bourg du Ribay, (tous les autres étant de la paroisse de Javron), fondirent, par trois endroits différents, sur la maison, armés de fusils et autres armes, non habillés en garde-nationaux, en jetant des cris de rage et de fureur ;

Qu'ils y firent leur ravage depuis leur arrivée jusqu'à dix heures du soir ;

Qu'ils firent, dans cet intervalle, le pillage tel que nous le voyons ;

Qu'ils prirent du grain et forcèrent de le moudre sur-le-champ et qu'ils en firent des crêpes avec trente livres de beurre qu'ils consommèrent ou emportèrent ;

Qu'après que le sieur Margerie, maire de Javron, leur eut dit qu'il fallait boire et manger et bien s'amuser, ils défoncèrent une demi-busse de vin de Bourgogne, appartenant à madame de Cauvigny ;

Qu'ils consommèrent le peu de comestibles qu'ils trouvèrent à la maison ;

Qu'ils firent emmener avec eux, par Michel Neveu, sous peine de la vie, deux sommes, soit de leur reste de cent-vingt bouteilles de vin, soit de salé ;

Qu'ils trouvèrent dans une ole du linge ou autres

effets qu'ils emportèrent sur une civière à bras appartenant au fermier;

Qu'ils sommèrent le dit Neveu, sous la peine de la vie encore, de leur voiturer le lendemain matin la farine provenant du grain.qu'ils avaient pris à la maison, et qu'ils tuèrent le chien du fermier.

De plus, la susdite Françoise Peltier, gardienne de la maison, Jeanne Lesaule et Michelle Lahaye leur ont vu emporter du linge et autres effets. Ils se sont aperçus de plus qu'il leur manquait plusieurs effets comme argent, linge, rasoirs, mouchoirs, bas et capots.

Françoise Peltier, gardienne, nous a encore déclaré qu'il manquait deux chandeliers d'argent et un autre argenté appartenant à sa maîtresse, et qu'elle avait retiré de sous leurs pieds vingt-quatre livres sept sous en argent, dans la salle, qui étaient au milieu des papiers qu'ils tirèrent de la commode, mais qu'au reste elle ne savait pas combien madame de Cauvigny pouvait y en avoir laissé.

Jeanne Lesaule nous a déclaré qu'elle tira de leurs mains un petits sac vert, qu'ils avaient pris dans une commode et qui contenait à peu près six livres en monnaie.

Depuis, Charles Drouin [1], se retirant parfois dans la maison du Val, nous a déclaré qu'il lui avait été pris dans une commode une bourse, contenant huit pièces de six livres et du papier, et qu'il lui a encore été pris des mouchoirs, dont un a été retrouvé dans le chemin de Javron par ledit Neveu qui revenait de conduire les effets pillés.

Michel Neveu nous a encore déclaré qu'il lui firent déposer les deux premières sommes d'effets volés chez Michel Sublard, aubergiste au Laisi, paroisse de Javron;

(1) Charles-François Drouin-Brindossière, vicaire du Ribay.

que la servante de l'auberge a acheté une serviette volée la somme de onze sous, et qu'on lui avait dit que la civière et la busse avaient été vendues.

Nous avons demandé de rechef auxdits témoins du pillage s'ils avaient d'autres choses à nous déclarer ; ils nous ont répondu que les brigands leur avaient dit qu'ils cherchaient le sieur Binet, ancien curé de la paroisse du Ribay, pour le tuer ; qu'ils souffraient bien le leur à Javron, mais qu'ils avaient été engagés, par trois fois différentes, par le sieur Levèque et autres aubergistes du Ribay de faire une descente dans la maison du Val.

Fait et arrêté, au Val, par nous officiers municipaux, et décidé que le présent serait déposé au greffe de notre municipalité et que le mercredi, vingt-deux du présent mois, le Corps municipal se rassemblera pour délibérer sur ladite affaire.

Les jour, mois et an que dessus.

Signé : Jean Broc, officier municipal ; Chauchis ; René Le Cordelé, officier municipal, faisant fonctions pour le maire ; P. Baguelin, secrétaire.

Suit le Procès-verbal du Corps municipal du Ribay.

Le vingt-deux février dix-sept cent quatre-vingt-douze,

Nous, maire et officiers municipaux de la commune du Ribay, soussignés,

Assemblés conformément à notre arrêté du dix-neuf du présent mois, pour délibérer sur notre procès-verbal du même jour,

Considérant combien il est important pour le maintien de l'ordre, de la Constitution et de la Loi de réprimer toute espèce de brigandage et de délits, et que celui du dix-sept de ce mois, consigné dans notre procès-verbal et commis dans la maison de madame de Cauvigny, est énorme et crie vengeance ;

Considérant que le sieur Binet [1], notre ancien curé, et le sieur Drouin, notre ancien vicaire, qui, une partie du temps, se retiraient dans ladite maison du Val, par concession de la propriétaire, sont des citoyens paisibles et amis de l'ordre, que leur conduite louable est connue de nous, que nous leur avions permis et les avions même requis de dire la première messe les dimanches et fêtes ;

Considérant que tout citoyen a droit à la protection de la loi, que l'incursion faite par le maire de Javron dans le territoire de notre commune, quand même elle aurait été innocente, est contraire à la Loi, étant faite sans aucune réquisition de notre part ;

Considérant que les personnes dénoncées par les brigands, qui ont accompagné le maire de Javron, comme instigateur du délit, nous ont paru suspectes dans cette occasion de fomenter des troubles ;

Et voulant maintenir l'ordre, qui jusqu'à ce jour a régné en cette commune,

Avons arrêté que les sieurs Le Cordelé et Jean Broc, officiers municipaux, partiraient sur le champ pour se rendre au Directoire du Département pour y porter un extrait de notre procès-verbal du dix-neuf du présent mois et y demander, conformément à la loi, la punition exemplaire des coupables et une juste réparation des pertes essuyées par madame de Cauvigny, les sieurs Binet et Drouin qui avaient déposé une partie de leurs effets qui ont été pillés et brisés ; lesquelles pertes nous ont paru très considérables ;

Avons, de plus, arrêté que les sieurs Le Cordelé et Jean Broc, de retour de leur députation, nous nous assemblerons sur-le-champ afin d'aviser à l'exécution de l'ar-

(1) Etienne-Urbain Binet, originaire de Magny-le-Désert, avait abandonné son presbytère pour se retirer au Val, lors de l'arrivée du curé assermenté. (V. *Dict. Hist. de la Mayenne*, par M. l'abbé Angot).

rêté du Département sur les réparations des délits et la punition légale des coupables.

Fait et arrêté les mêmes jour et an que dessus et statué que notre dit arrêté sera déposé dans notre greffe, dont copie sera présentée au Directoire de notre Département.

Signé : Jean Broc, officier municipal ; Jean Chauchis, officier municipal ; René Le Cordelé, officier municipal, faisant pour le maire ; P. Baglin, secrétaire [1].

---

(1) Nous devons la communication de ces pièces à notre regretté collègue de la Commission historique de la Mayenne, M. Leblanc, père, avocat à Mayenne, auteur de divers travaux historiques.

D

RÉGLEMENT POUR LE SERVICE INTÉRIEUR DE L'HÔPITAL GÉNÉRAL DE MAYENNE [1]

(10 avril 1845)

Service religieux

L'aumônier est chargé du service religieux. Il célèbre l'office divin, à 6 heures 1/2 du matin, les jours ouvrables, et donne les secours spirituels aux malades et aux indigents.

Les dimanches et fêtes solennisées, la messe sera célébrée, à 7 heures 1/2, du 1er mars au 1er octobre, et à 8 heures, du 1er octobre au 1er mars.

Les vêpres se diront toujours à 1 heure. Dans le carême, les saluts du jeudi se feront à 6 heures du soir. L'aumônier fera le catéchisme aux enfants et donnera les instructions convenables aux heures qu'il fixera, de concert avec l'administration.

Tous les produits résultant de l'exercice du culte doivent tourner au profit de l'établissement et entrer dans la caisse du receveur, sans préjudice des droits que les règles ecclésiastiques et le tarif diocésain peuvent attribuer au prêtre faisant les fonctions d'aumônier.

Toutes les dépenses nécessaires à la dignité et à l'entretien du culte seront votées par la Commission administrative, sur la proposition ou du consentement de l'aumônier.

Ordre et discipline

Article 1er. — Toutes les personnes admises dans l'hospice, à quelque titre que ce soit, sont tenues de se

[1] Voyez page 150.

conformer aux mesures d'ordre et de discipline que la Commission administrative croit devoir prendre.

Article 2. — Les employés, qui logent dans les établissements hospitaliers, doivent rentrer à 8 heures 1/2 du soir et ne pas sortir de l'établissement, sans prévenir la supérieure. Il ne doit y avoir qu'une porte dans l'établissement et les clefs doivent en être remises chaque soir, à la supérieure.

Article 3. — Les habitants de l'hospice changent de linge tous les dimanches. Les draps de lit sont renouvelés tous les mois. Cette disposition ne s'applique point aux malades, qui changent de linge aussi souvent que leur état le rend nécessaire.

Article 4. — Ordre des exercices journaliers :

A 5 heures du matin, lever des sœurs.

A 6 heures, lever des enfants et des indigents.

A 6 heures 1/2, prière du matin et la messe.

A 7 heures, déjeuner.

A 7 heures 1/4, déjeuner des sœurs.

A 7 heures 1/2, travail.

A 11 heures, dîner.

A 11 heures 1/2, récréation générale.

A midi, travail et dîner des sœurs.

A 5 heures du soir, souper.

A 5 heures 1/2, prière du soir suivie de la récréation des enfants, du coucher des indigents en hiver.

A 6 heures, souper des sœurs.

A 6 heures 3/4, classe pour les enfants jusqu'à 8 heures. — Coucher.

Article 5. — Tous les habitants de l'hospice doivent se rendre ponctuellement, au son de la cloche, dans les lieux où ils sont appelés à remplir successivement leurs diverses fonctions, emplois ou exercices. Aucun d'eux, à moins d'empêchement légitime, ne se dispensera d'assister aux offices de l'église et aux instructions religieuses qu'on y donnera. L'aumônier confessera ordinairement les enfants tous les mois.

Article 6. — Les enfants grands et petits ne seront jamais laissés seuls. Les garçons seront sous la surveillance des sœurs ou des contre-maîtres et les filles sous celle des sœurs dans tous les travaux où il y aura plusieurs personnes à la fois, y compris celui des dortoirs pour les filles, à tous les exercices, à toutes les récréations, même après les tâches. Dans chaque atelier ou salle de travail on ne permettra qu'à un seul enfant à la fois d'aller aux lieux d'aisance.

Article 7. — Dès qu'il ne fera plus assez jour pour une surveillance exacte, on éclairera tous les lieux où seront réunis les enfants, tels que les dortoirs, la chapelle, pendant la messe et la prière du soir, et les salles de récréation.

Article 8. — Les dortoirs seront fermés pendant le jour, et aucun enfant ne pourra y aller, ni sortir du lieu de l'exercice commun, sans une permission de la sœur présidente.

Article 9. — Il est expressément défendu aux hommes et aux garçons d'aller, sans permission ou sans nécessité, dans la cour des femmes dont le portail restera fermé et, réciproquement, aux femmes et filles d'aller dans la cour des hommes, et à tous les habitants de l'hospice d'aller dans les jardins et pièces de terre de l'enclos dont on tiendra fermés le portail et les portes.

Article 10. — Les parents ou amis des vieillards, des incurables et des enfants ne seront admis à les visiter que le premier dimanche de chaque mois, de 2 à 3 heures après-midi du 1er mai au 1er octobre, et, de 3 à 4 heures du 1er octobre au 1er mai. Ils pourront visiter les malades avec la permission de la supérieure. Il n'y aura d'exception qu'en vertu d'une permission spéciale de l'administrateur de service. Il est interdit aux visiteurs d'introduire des comestibles ou des liquides sans l'autorisation du médecin. Tout infirmier ou servant qui, sans y avoir été autorisé, aurait introduit des objets de cette espèce sera immédiatement renvoyé.

Article 11. — Les indigents admis dans l'hospice ne pourront sortir de l'établissement que les dimanches et fêtes, de 2 à 5 heures de l'après-midi du 1er mai au 1er octobre, et, de 3 à 5 heures du 1er octobre au 1er mai. Les enfants seront conduits à la promenade par un employé ou par une sœur hospitalière les dimanches de chaque semaine et pourront l'être le jeudi par récompense.

Article 12. — Les indigents, qui auront obtenu la permission de sortir, ne pourront rapporter aucune liqueur spiritueuse. S'ils contrevenaient à cet ordre, ils seront privés de sortie pendant un mois. Les liquides seront saisis.

Article 13. — Tout individu, qui se sera absenté de l'hospice pendant 48 heures sans permission, ne pourra plus y rentrer sans qu'une nouvelle admission lui ait été accordée dans les formes prescrites par l'article 16 du règlement ministériel en date du 31 janvier 1840.

Article 14. — Il est défendu aux individus admis dans l'hospice de mendier, soit dans l'établissement, soit au dehors, sous peine d'être privé de sortie pendant un mois. En cas de récidive, le contrevenant sera renvoyé de l'hospice.

Article 15. — Les injures graves et les provocations, entre les indigents reçus dans l'hospice, seront punies d'une réprimande publique. En cas de récidive, les contrevenants seront privés de sortie pendant un mois. Si les injures sont adressées à un employé ou à une sœur hospitalière, le délinquant sera pour la première fois puni de la privation de sortie pendant deux mois et pour la seconde fois, il sera mis à la salle de discipline pendant douze heures, à moins que, s'il est majeur, il ne

déclare vouloir sortir de l'hospice. Cette dernière punition sera appliquée pour voies de fait et pour propos
obscènes.

Article 16. — L'inconduite notoire et notamment
l'habitude de l'ivresse, soit dans l'intérieur de l'établissement, soit au dehors, sera une cause de renvoi pour les
vieillards et les incurables.

Article 17. — Personne ne pourra s'introduire dans les
ateliers que celles qui y seront employées ou qui y auront
affaire, à moins de permission de la supérieure.

Vu et approuvé par nous membres de la commission
des hospices.

Mayenne, le 10 Avril 1845.

Signé : Noël Latouche, Duronceray, Bourdon, Benoiste-
Desvalettes, Baguelin, Le Dauphin-Tesnière.

E

Inventaire de quelques pièces concernant l'Hôpital général et l'Asile des aliénés de la Roche-Gandon a Mayenne [1]

I. — *Hôpital Général*

Le 23 juin 1820, la Commission administrative des hospices civils de Mayenne émet le vœu, conforme du reste à celui du Conseil municipal, que la ville achète la maison de la Roche-Gandon et ses dépendances pour y établir l'hospice des malades, « l'ancien hôpital du « Saint-Esprit étant trop petit, sans aucun dehors, situé « sur le bord de la rivière, dans un air qui n'est pas très « sain ».

Le 19 décembre 1821, par acte devant Bourdon, notaire royal à Mayenne, Quentin-Pierre Tenneson, propriétaire au Mesnil, commune de Longpont, canton de Longjumeau, et consorts vendent à la ville de Mayenne la maison de la Roche-Gandon et tous les bâtiments servant d'exploitation de la ferme qui en dépend, les cours de la maison de maitre et de la ferme, les jardins, la prairie dite la Plaine, la pièce de terre nommée la Perrière, les 2/3 en superficie de la prairie en vallon, située en face la maison de la Roche-Gandon, enfin un petit champ clos en partie, appelé le Champ-de-Bataille, le tout moyennant une somme de 40.000 fr.

Le 13 octobre 1828, la Commission des hospices consent à céder les terrains nécessaires à l'établissement de la rue de la Nouvelle-Traverse (rue Roullois) pour 3.283 fr. 73.

[1] Voyez page 151.

Le 13 décembre 1833, Lecour, maire de Mayenne, propose à la Commission des hospices de convertir en caserne la chapelle de la Madeleine « pour y loger la « garnison qui se trouve à Mayenne ». La Commission repousse cette proposition et proteste, par avance, contre toutes les mesures violentes qui seraient employées par l'autorité pour mettre ce projet à exécution.

Le 17 décembre 1833, la Commission des hospices demande au préfet l'autorisation d'intenter contre Lecour, maire de Mayenne, « une action possessoire « tendant à être réintégrée dans la possession de la cha- « pelle de la Madeleine, dont l'hôpital a été dépouillé « par voies de fait et violence de la part du maire ».

Le 24 août 1834, la Commission des hospices, sur la demande du Préfet et du Sous-préfet, consent à ce que la troupe, alors à Mayenne, continue à tenir garnison dans la chapelle de la Madeleine, pour quelques mois seulement, et sous réserve d'une indemnité pour frais de casernement, « ne présumant pas que le coup de main « du maire ait eu pour effet de priver l'hospice de l'in- « demnité qui lui est légalement due ».

Lecour, maire, après avoir pris connaissance de cette délibération, « proteste contre son inconvenance, dit « qu'il y a un abus de pouvoir intolérable de la part de « la Commission ».

Le 27 mai 1835, la Commission des hospices déclare nulle et non avenue la protestation du maire et maintient les termes de la délibération du 24 août 1834.

Le 20 juillet 1845, la Commission des hospices accepte un projet qui lui est proposé de construire un hôpital à la Roche-Gandon pour remplacer l'Hôtel-Dieu du Saint-Esprit.

Le 23 septembre 1854, la Commission des hospices vend à la ville de Mayenne le terrain sur lequel étaient établis les bâtiments à démolir de l'ancienne chapelle du

Saint-Esprit et l'ancien Hôtel-Dieu de ce nom, « depuis
« la rue Saint-Martin jusque et y compris le passage du
« lavoir, pour convertir ce terrain en place publique et
« servir à l'élargissement des rues de Boyère et de Saint-
« Martin ».

Le 28 septembre 1858, la Commission des hospices
« décide à l'unanimité qu'elle demandera l'autorisation
« de reconstruire l'hôpital de la Madeleine dans le pré
« de la Grange, rue de la Grange, tout en conservant à
« la maison le nom qu'elle a porté ».

Le 5 octobre 1858, la Commission des hospices autorise la translation du personnel de l'hôpital de la Madeleine à l'Hôtel-Dieu, construit à la Roche-Gandon, et la
suppression de trois des sœurs attachées à la Madeleine.
L'hôpital de la rue de la Traverse (rue Roullois) devint
alors Hôpital général servant d'hospice pour les malades, les enfants et les vieillards.

Le 12 novembre 1858, la Commission des hospices
consent à vendre pour 45.000 francs le pré de la Madeleine, qui sert de champ de foire.

Le 8 juin 1859, la Commission des hospices demande
que la ville supprime le chemin communal de Férichard
à partir de l'angle sud-ouest de la maison Caigné, n° 4
du plan cadastral, à rendre à l'angle nord-ouest de l'ancienne maison des sœurs, n° 22 dudit plan.

Le 21 août 1861, la Commission des hospices se plaint
que les hospices soient privés du tiers des eaux de la
fontaine qui est sur le terrain de l'Asile des aliénés, et
auquel ils ont droit par un traité du 22 mars 1854. La
fontaine gênait des projets de construction de l'Asile
des aliénés. La Commission charge le maire de demander l'autorisation de vendre les terrains de l'ancien
hôpital de la Madeleine. Sans compter ceux pris par la
gare et les rues nouvelles, il restait à en aliéner 95 ares

50 centiares à l'est de la gare. Il en fut fait onze lots dont la grandeur variait de 540 à 1160 mètres carrés [1].

Le 17 décembre 1861, la Commission des hospices autorise la vente à Montreuil, d'Alençon, de 3 ares 88 centiares des terrains de la Madeleine au prix de 1 fr. 25 le mètre, « pour y faire construire une écurie pour la sta- « tion des étalons de l'arrondissement de Mayenne ».

Le 31 octobre 1862, la Commission des hospices autorise la vente de 773 mètres carrés des terrains de la Madeleine pour l'ouverture de l'avenue actuelle de la gare, au prix de 4 francs le mètre.

II. — *Asile des Aliénés*

Le 20 décembre 1821, la Commission des hospices de la ville de Mayenne offre d'établir, à la Roche-Gandon, un asile des aliénés pour le Département.

Le 29 août 1828, la Commission des hospices rédige un projet de traité entre elle et le Département pour l'établissement de l'Asile des aliénés.

Le 25 juillet 1829, la Commission des hospices délibère sur le même sujet.

Le 2 février 1831, traité entre la Commission des hospices et le Préfet de la Mayenne, agissant au nom du Département.

Le 3 février 1831, acte règlementaire du Préfet et des membres de la Commission des hospices relativement à l'Asile des aliénés.

Le 9 janvier 1854, délibération de la Commission des hospices ayant trait à la cession de l'Asile des aliénés au Département par la ville de Mayenne.

---

(1) La partie consacrée aux rues avait une contenance de 27 ares 97 centiares.

ADDITIONS ET CORRECTIONS

<table>
<tr><td>PAGES</td><td>LIGNES</td><td></td></tr>
<tr><td>35</td><td>8</td><td>Après « Villarceau », ajoutez : « diocèse de Rouen ».</td></tr>
<tr><td>37</td><td>4</td><td>Après « Houdayer », ajoutez : « dite de Sainte-Marie ».</td></tr>
<tr><td>37</td><td>27</td><td>Lire « Saint-Placide ».</td></tr>
<tr><td>60</td><td>16</td><td>Après « Guimond, greffier » mettre à la ligne le passage ci-après :</td></tr>
</table>

Louis XV octroya au couvent les lettres suivantes : « Louis..., pour mettre nos sujets en état de profiter d'un établissement d'autant plus nécessaire qu'un de ses objets a été de procurer à la jeunesse une éducation chrétienne, nous ordonnons qu'il soit tenu exactement et à toujours, dans le monastère du prieuré de l'Assomption établi dans le lieu de la Madeleine, au faubourg Saint-Martin de la ville de Mayenne, des écoles gratuites pour l'instruction de la jeunesse, dans lesquelles les religieuses du monastère vaqueront assidûment et sans relâche à enseigner aux filles les devoirs de la religion et de leur état, même le travail convenable à leur sexe, et leur donneront toutes les instructions nécessaires, conformément à l'article

IX de la Déclaration du Roi..., notre bisaïeul, du 13 décembre 1698.

« En conséquence, ordonnons que les emplois des dots qui seront données à perpétuité ou les fonds qui seront fournis pour les dites dots conformément à la déclaration dudit roi, notre bisaïeul, du 28 avril 1693, même les fonds et biens précédemment acquis demeureront spécialement affectés à l'exécution des présentes.

« Le tout conformément à l'acte capitulaire dudit monastère du 8 mars 1734, et aux actes faits par les officiers de justice, le corps de ville, et les habitants, tant ecclésiastiques que séculiers de Mayenne, des 28 juillet 1733 et 10 mars 1734.

« Ce faisant, voulons que ledit monastère jouisse des privilèges attribués aux fondations et legs faits pour les écoles de charité spécialement par l'ordonnance du 25 février 1710 ».

Ces lettres bienveillantes n'assuraient pas l'avenir du couvent.

76   10   Après « J'ai l'honneur d'être... du Basmont », ajoutez « François Ricœur du Basmont, donateur en faveur de l'hôpital, était fils de Germain Ricœur, sieur du Basmont, et de Renée Lefebvre. Celle-ci, fille de René Lefebvre, sieur de Loyère, et de Renée de Bazogers, avait : 1° pour aïeux René de Bazogers et Renée Frican ; 2° pour bisaïeux René de Bazogers et Renée Peschard ».

78   14   A la fin de la ligne, lire en *note* : « Les époux Gestière-Lelouable s'étaient mariés à Saint-

Martin de Mayenne le 9 janvier 1680 ;
l'époux âgé de vingt-neuf ans était assisté
de Jeanne Prudhomme, sa mère, et l'épouse
de Guillaume Lelouable et d'Anne Lepineau, ses père et mère. Antoine Gestière
mourut à Mayenne, le 17 octobre 1726, âgé
de soixante-quinze ans.

Pages	Lignes	
97	6	Après « Hôpital général »; ajouter en plaçant la somme de 333[#] hors texte, à la colonne, « montait à.................... 333[#] ». Mettre ensuite à la ligne : « Le loyer de la cité du Pressoir ».
97	14	Au lieu de « René » lisez « Renée ».
97	15	Remplacez « 1.355[#] » par « 1.688[#] ».
97	16	Au lieu de « treize cent cinquante-cinq », lisez par « seize cent quatre-vingt-huit ».
167	3	Supprimez les mots : « du contrat ».

TABLE ANALYTIQUE

DEUXIÈME PARTIE

L'HOPITAL GÉNÉRAL DE MAYENNE

—

CHAPITRE VI

CHAPITRE VII

CHAPITRE VIII

CHAPITRE IX

CHAPITRE X

CHAPITRE XI

CHAPITRE XII

TROISIÈME PARTIE

LE BUREAU DE CHARITÉ DE MAYENNE

—

APPENDICE

TABLE ALPHABÉTIQUE

C

H

S

Y

OUVRAGES DE L'AUTEUR

LA TRIBALLE, étude philologique et humoristique sur la foire de la Madeleine, de Mayenne, par A. Grosse-Duperon (Extrait du Bulletin de la Commission hist. et arch. de la Mayenne, 1889). — Laval, Léon MOREAU. In-8 de 16 pages.

LE CARTULAIRE DE L'ABBAYE DE FONTAINE-DANIEL, texte latin et traduction, par A. Grosse-Duperon, membre titulaire de la Commission hist. et arch. de la Mayenne et de la Société hist. et arch. du Maine, et E. Gouvrion, membre titulaire de la Commission hist. et arch. de la Mayenne. — Mayenne, POIRIER-BEALU, 1896, grand in-8, 430 pages.

L'ABBAYE DE FONTAINE-DANIEL, étude historique, par les mêmes auteurs. (Ouvrage orné de quatre dessins). — Mayenne, POIRIER-BEALU, 1896, grand in-8, 460 pages.

MAYENNE, album de 12 photogravures de la Ville de Mayenne, avec notes, par A. Grosse-Duperon. — Mayenne, POIRIER-BEALU, 1899.

SOUVENIRS DU VIEUX-MAYENNE (Les sieurs de Beauchesne et les Calvairiennes de Mayenne), par A. Grosse-Duperon. (Ouvrage orné de cinq dessins et de deux planches d'autographes). — Mayenne, POIRIER-BEALU, 1900, grand in-8, 470 pages

LA BASILIQUE DE NOTRE-DAME DE MAYENNE, par A. Grosse-Duperon. — Mayenne, Poirier-Bealu, 1900. Plaquette de 33 pages illustrée des armoiries et du sceau de la basilique.

LE PRÉAU (aujourd'hui jardin public) DU CHATEAU DE MAYENNE, par A. Grosse-Duperon. Ouvrage illustré de deux photogravures et d'un plan de l'ancien Château. — Mayenne, POIRIER-BEALU, 1901, in-8, 135 pages.

UNE EXCURSION A LA CHAPELLE DE LA VALLÉE, près de Mayenne, par A. Grosse-Duperon. Plaquette de 40 pages, illustrée de deux planches hors texte en phototypie. — Mayenne, POIRIER-BEALU, 1901.

DEUX EXCURSIONS AU PAYS DE SAULGES (Souvenirs d'un touriste) par A. Grosse-Duperon. Ouvrage illustré de 5 gravures hors texte en phototypie et d'un plan en deux couleurs. — Mayenne, POIRIER-BEALU, 1901.

L'ANCIEN HOTEL-DIEU DE MAYENNE (dit du Saint-Esprit), par A. Grosse-Duperon. Ouvrage illustré de deux photogravures et d'un plan. — Mayenne, POIRIER, FRÈRES, 1902, grand in-8, 180 pages.

NOMS DES CHEFS DE MAISON DES PAROISSES DE MAYENNE A LA VEILLE DE LA RÉVOLUTION (1787-1788). Ouvrage accompagné d'un plan de la ville, levé en 1811-1812. — Mayenne, POIRIER, FRÈRES, 1903, grand in-8, 43 pages.

LES USAGERS DE LA FORÊT DE MAYENNE. Documents divers, publiés par A. Grosse-Duperon. — Mayenne, BOULY, 1903, gr. in-8, 150 pages.

LE COUVENT DES CAPUCINS DE MAYENNE. Etude historique, illustrée de deux gravures hors texte, par A. Grosse-Duperon. — Mayenne, POIRIER, FRÈRES, 1903, grand in-8, 199 pages.

LES CHAPELLENIES DE MAYENNE, par A. Grosse-Duperon. Ouvrage orné de deux gravures. — Mayenne, POIRIER, FRÈRES, 1904, grand in-8, 160 pages.

LE CHATEAU D'ARON ET SES GROSSES FORGES, par A. Grosse-Duperon. Plaquette de 83 pages illustrée de deux planches hors texte. — Mayenne, POIRIER, FRÈRES, 1904.

LE DUCHÉ DE MAYENNE, Aveu du 11 avril 1669, publié par A. Grosse-Duperon. Ouvrage orné de deux gravures. — Mayenne, POIRIER, FRÈRES, 1904, grand in-8, 210 pages.

LE MANOIR DE TORBECHET. — LA CHAPELLE DU HEC, par A. Grosse-Duperon. Plaquette ornée de deux gravures. — Mayenne, POIRIER, FRÈRES, 1905, 80 pages